한 권으로 읽는 욕망의 역사

다이아몬드의 세계

다마키 도시아키 지음 | **전종훈** 옮김

한 권으로 읽는 욕망의 역사

다이아몬드의 세계

목차

제2장

대항해시대와
다이아몬드

51

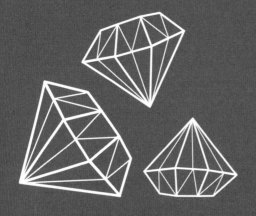

서장

사람들이 탄소 순물질에
매료되는 이유

인간은 왜 다이아몬드를 살까

다이아몬드의 역사는 욕망의 역사다. 고가인 다이아몬드는 사람들의 욕망을 나타낸다. 정확하게 말하자면, 사람들의 욕망이 어떻게 강해졌는지를 다이아몬드를 통해 알 수 있다.

다이아몬드 신디케이트(세계 다이아몬드 산출량의 대부분을 장악하고 시장을 통제하는 집단 — 옮긴이)를 좌지우지하는 드비어스사가 1948년에 '다이아몬드는 영원하다'라는 문구를 전 세계를 향해 내걸었다. 이 때문에 세상의 많은 남성들이 결혼 예물로 다이아몬드반지를 여성에게 건네게 되었다.

원래 이런 문구 이전에는 결혼반지로 다이아몬드를 선택하는 일은 별로 없었다. 하지만 1948년 이후, 결혼반지는 다이아몬드라는 의식이 순식간에 퍼져나갔다. 드비어스는 광고 문구 하나로 새로운 수요를 창출한 것이다.

반지가 된 다이아몬드는 중고시장에서 보기 힘들다. 이 말인즉슨, 다이아몬드는 시장에서 대부분 신품만 유통된다는 의미다.

사람들은 생활필수품부터 사치품에 이르기까지 여러 물건을 산다. 그중에서 다이아몬드는 명백하게 사치품이다. 심지어 살 필요가 없는 상품이라고까지 말할 수 있다.

다이아몬드라는 보석은 그 자체로는 사용할 수 없다. 페라리나 자가용 제트기는 아주 비싸지만 탑승이라는 명백한 목적이 있다. 또, 비싼 밍크코트를 입으면 따뜻하게 지낼 수 있다. 하지만 다이아몬드는 그것을 보면서 황홀해하거나, 다른 사람에게 자랑하는 것이 가장 큰 효용이라 할 수 있다. 보석 다이아몬드는 자기만족이거나 남에게 자랑하기 위한 것이라고 해도 지나친 말이 아닐 것이다.

금이나 은이라면 구매했을 때 가격과 이것을 다시 팔 때 가격이 크게 다르지 않다. 하지만 다이아몬드는 엄청난 고가의 다이아몬드가 아니라면 되팔 때 구매 가격보다 훨씬 낮은 가격으로 팔아야 하는 경우가 대부분이다. 이런 점들을 보면, 다이아몬드에는 그다지 큰 가치가 없는 것이라고 생각해도 이상할 것이 없다.

사람들은 조금이라도 더 비싼 다이아몬드를 구매해서 자신이 남들보다 사치를 누린다는 우월감을 가진다. 독일의 경제학자 좀바르트에 따르면, 사람은 사치하고 싶다는 욕망으로 살아가며 다이아몬드는 그런 욕망을 완전하게 만족시켜 주는 몇 안 되는 상품이다.

인간은 손가락에 낀 다이아몬드를 과시한다. 그것은 우월함의 증표인 것이다. 다른 사람 것보다 좋은 다이아몬드 반지라면 우월감에 빠져서 만족할 수 있다.

다이아몬드는 그런 용도로는 최적의 상품이지만 다이아몬드의 가치는 신기루와 같아서 현실을 그대로 반영하지 않는다.

땅속 깊은 곳에서 생성

다이아몬드는 지층 중에서도 사력층에서 발견된다. 19세기에 킴벌라이트라는 특수한 화산암으로부터 다이아몬드가 발견되었다.

다이아몬드는 지표에서 120킬로미터 이상 깊은 곳에서 생성된다. 킴벌라이트를 형성하는 마그마는 휘발 성분이 많은 특수한 마그마다. 이 마그마가 지표까지 단숨에 분출된 것이 우리가 눈으로 보는 다이아몬드다.

지하 깊은 곳까지 파이프 상태로 이어진 불의 통로가 있다. 다이아몬드 광산에서는 이런 킴벌라이트 파이프를 파서 다이아몬드를 획득한다.

다이아몬드가 생성되는 땅속 깊은 곳과 같은 조건을 만들 수 있다면 인공적으로 다이아몬드를 제조할 수 있다. 인류가 오랫동안 꿈꿔온 인공합성 다이아몬드는 현실에서 생산되고 있다. 최근에는 인공합성 다이아몬드라는 표현 대신 '연구실에서 만든 다이아몬드(Lab-growth diamond)'라고 부르기도 하지만, 아직 일본에서는 인공합성 다이아몬드라는 표현이 보편적이므로, 이 책에서도 인공합성 다이아몬드라는 표현을 사용한다.

과시를 위한 소비의 확대

사람들은 왜 다이아몬드를 구매하게 되었을까?

이런 관점에서 우선 참고해야 할 문헌으로 소스타인 베블런(1857~1929)이 쓴 ≪유한계급론≫이 있다. 이 책에서 언급한 '과시적 소비(conspicuous consumption)'는 매우 중요한 개념이다. 베블런의 주장에 따르면 과시하기 위한 소비는 유한계급에서만 볼 수 있는 특징이다.

경제가 성장하면 상류계급이 아닌 사람들도 생활 수준을 높이

려고 한다. 그렇게 다이아몬드는 상류계급만이 살 수 있는 상품에서 점차 일반인들도 구매할 수 있는 상품으로 변해왔다. 다이아몬드는 사람들의 욕망이 표현된 것이다. 그래서 일반인들도 욕망을 채우려고 다이아몬드를 사게 된 것이다.

게다가 기업은 사람들이 지닌 특수한 욕망을 자극하려고 드비어스처럼 교묘하게 선전한다. 소비자는 선전의 부추김을 받고 그 상품을 구매한다. 회사가 취하는 선전에 소비자가 보이는 반응 현상을 미국의 경제학자인 존 케네스 갤브레이스는 '의존效果'라 불렀다. 다이아몬드는 '의존效果'를 정말 잘 보여주는 상품인 것이다.

때로 사람들은 자신이 남들보다 유복하다는 것을 과시하고 싶어서 상품을 구매한다. 그로 인해 경제도 성장한다. 다이아몬드는 과시 소비를 위한 상품 중 하나이며, 그 사실은 예로부터 지금까지 변하지 않았다. 다이아몬드를 구매하는 사람은 시대와 함께 더욱 증가했다.

산출 지역의 변화

앞서 언급한 것처럼 다이아몬드는 광물이다. 다이아몬드를 생성하려면 일정한 온도와 압력, 그리고 시간이 필요하다. 다이아

표1 세계 다이아몬드 산출량 2018년

나라 이름	천 캐럿
러시아	23,000
보츠와나	16,000
캐나다	13,000
앙골라	8,500
남아프리카공화국	7,700
콩고민주공화국	3,700
나미비아	1,900
레소토	1,100
오스트레일리아	340
탄자니아	260
브라질	250
짐바브웨	250
중국	230
시에라리온	230
기니	140
기타	480

몬드는 120킬로미터 이상(5만 기압 이상) 깊이의 땅속, 섭씨 1,100도 이하의 온도에서 안정적으로 생성된다. 다이아몬드를 산출하는 화산암 킴벌라이트는 이산화탄소와 물을 많이 함유하고 있다.

다이아몬드는 지하 깊은 곳에 있지만 마그마 상태로 단숨에 상승하면 한 시간 전후로 지표면에 도달한다. 많은 다이아몬드 광산은 지질학적으로 약 100만 년 전인 제4기 이후에 퇴적된 곳에 위치한다.

표1에 2018년 기준으로 다이아몬드 산출국을 정리했다. 러시아가 가장 많으며, 이어서 보츠와나 · 캐나다 · 앙골라 · 남아프리카공화국 · 콩고민주공화국 순으로 이어진다. 다이아몬드는 대체로 아프리카 대륙에서 많이 산출되는 것을 알 수 있다.

역사적으로 보면 러시아 · 캐나다 · 남아프리카공화국 등은 새 내기에 속한다. 다이아몬드는 18세기에 브라질에서 광산이 발견되기 전까지는 줄곧 인도에서만 산출되었기 때문이다. 하지만 표1을 보면 인도와 브라질 모두 더는 다이아몬드 주요 산출국이 아닌 것을 알 수 있다. 이런 변화는 세계 경제의 변모와 깊은 관계가 있다.

다이아몬드의 역사

근세부터 근대에 걸쳐 유럽의 여러 나라가 대외 진출을 하면서 세계는 크게 변화했다. 유럽 국가들은 세계 각지에 식민지를 만들었고, 그와 함께 다른 지역의 향신료 · 식자재 · 천연자원 나아가 노동력까지도 자국의 배를 사용해 가져올 수 있게 되었다. 다이아몬드는 그렇게 입수한 것 중 하나였다.

다이아몬드 입수 · 가공 · 판매에는 국제적인 상인 네트워크가 필요했다. 광물 산출 지역과 수요 지역이 크게 달랐기 때문이다.

근세 인도에서 채굴한 다이아몬드는 중동을 비롯한 유라시아 대륙 상업에서 활약한 아르메니아인, 세파르딤(종교 개종 문제로 이베리아반도에서 추방당한 유대인) 등 국경을 초월한 국제 무역 상인 네트워크를 통해 유럽으로 들어왔다.

유럽에서는 동유럽계 유대인 아시케나지가 다이아몬드 연마를 처리했다. 적어도 이 무렵에는 유대인이 없으면 다이아몬드 거래가 불가능할 정도의 상황이었다고 해도 크게 틀린 말은 아니다.

18세기에 브라질에서 다이아몬드가 발견되자 당시 브라질을 점령하고 있던 포르투갈 왕실이 독점적으로 다이아몬드를 채굴했다. 세계 다이아몬드 시장을 인도와 브라질이 양분하는 시대가 시작된 것이다.

유럽에서 다이아몬드 거래 시장으로 중요해진 곳은 영국 런던, 네덜란드 암스테르담, 벨기에 안트베르펜, 포르투갈 리스본, 지중해에 접한 이탈리아의 자유항(세금이 부과되지 않고 자유롭게 출입할 수 있는 항구)인 리보르노와 베네치아였다.

런던과 암스테르담은 유럽을 대표하는 무역항구 도시라서 다양한 상인이 찾아왔다. 안트베르펜은 연마 기술이 발달해서 다이아몬드 거래 중심지 중 하나가 되었다. 리보르노에는 인도에서 수출한 다이아몬드가 들어왔다.

이런 다이아몬드 비즈니스의 중심에는 유대인이 있었지만 유대인이 원해서 이런 상황이 만들어진 것은 아니다. 농업과 제조업에서 쫓겨났기 때문에 금융업이나 다이아몬드 비즈니스 말고는 종사할 분야가 없었던 것이다. 유대인을 흔히 상업주의에 빠진 욕망덩어리로 비유하기도 하는데, 이런 배경에는 그들이 욕망의 상징인 다이아몬드를 거래하는 분야에 종사했던 것도 영향을

이스라엘의 공업제품과 다이아몬드 수출액
〈단위: 100만 달러, ( )는 비율 %〉

연도	공업제품 수출액	연마·가공한 다이아몬드 수출액
2009	44,399	9,431 (21.2)
2010	53,640	12,962 (24.2)
2011	62,441	16,689 (26.7)
2012	58,656	14,393 (24.5)
2013	61,773	15,713 (25.4)
2014	64,172	17,090 (26.8)
2015	60,292	15,113 (25.1)

끼쳤을 것이다.

1866년에 남아프리카에서 다이아몬드가 발견되었다. 그로부터 22년 후에 영국의 제국주의자 세실 로즈가 드비어스 합동광산 주식회사를 설립했다. 1900년에는 드비어스가 다이아몬드 세계 원석 생산량의 90퍼센트를 차지했다. 드비어스의 성장은 대영제국의 식민 역사와 궤를 같이하면서 다이아몬드와 대영제국은 떼려야 뗄 수 없는 관계가 되었고, 유대인은 이 관계에도 깊이 관여했다.

표2에는 2009년부터 2015년까지 이스라엘의 공업제품과 다이아몬드 수출액을 실었다. 표를 통해 공업제품 수출에서 다이아몬드가 차지하는 비율이 약 25퍼센트로 상당히 높다는 것을 알 수 있다. 이처럼 이스라엘 경제에서 다이아몬드 수출은 매우 중요한

위치를 차지한다. 이것은 유대인이 오랜 세월에 걸쳐서 다이아몬드 무역에 종사해 온 결과라고 할 수 있다.

중동에서 가장 큰 산업이라 하면 석유를 떠올리지만, 이스라엘에서는 다이아몬드 수출이 주요 산업 중 하나다. 이스라엘은 다이아몬드 절삭 · 연마 기술이 뛰어나 품질 경쟁에서 유리하다. 이 때문에 주요 산업으로 성장할 수 있었다. 이스라엘인들은 오래전부터 다이아몬드 수출산업을 키우기 위해 절삭 · 연마 기술을 발전시켜 왔다.

다이아몬드에는 많은 국제 상인 · 국가 · 민족이 얽혀있다. 다이아몬드 채굴 · 제조 · 무역 · 판매는 어떤 변화를 이루었을까. 물론 그런 것들이 어떻게 변화했든, 다이아몬드가 '욕망'이 알른거리는 상품이라는 사실은 변하지 않았다. 다이아몬드는 사람들의 욕망을 살펴보기에 가장 좋은 상품이다.

다이아몬드 비즈니스의 역사

이 책에서는 장신구, 즉 보석으로서의 다이아몬드를 다루며 공업용 다이아몬드는 거의 언급하지 않는다. 왜냐하면 다이아몬드를 통해 사람들의 욕망, 나아가 욕망과 사회 상황의 관계를 살펴보고 싶기 때문이다.

또한, 광물로서의 다이아몬드의 특징, 예컨대 채굴 방법에 관해서도 별로 다루지 않는다. 그런 내용은 그 분야 전문 서적을 읽는 편이 훨씬 유익할 것이다.

한마디로 말해서 이 책은 다이아몬드 비즈니스를 고찰한 역사서다. 고대부터 현대에 이르기까지 다이아몬드 비즈니스를 다룬 책은 서구사회에도 별로 많지 않고, 일본에는 아마 전무할 것이다.

이 책을 읽고 다이아몬드가 세계 경제에 어떤 영향을 끼쳤고, 사람들이 지닌 욕망의 변화를 어떻게 반영해 왔는지 이해할 수 있기 바란다.

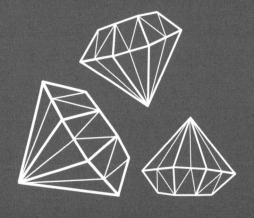

제 1 장

인류와 다이아몬드의 만남

‡

고대부터 중세

악마의 힘을 저지한다

다이아몬드는 보석 중 하나다. 그렇다면 전 세계에는 얼마나 많은 종류의 보석이 있을까?

이 질문에 대한 답을 찾는 데 도움을 주는 것이 탄생석이다. 일본의 경우, 1958년에 각 달과 탄생석을 연결한 자료가 처음 등장했다. 표1-1에 적혀 있는 것이 대표적인 보석이라 할 수 있다. 보석의 색은 다양하며, 색깔마다 의미가 있다. 예를 들면, 에메랄드의 녹색은 계절과 생명의 재래, 사파이어의 청색은 하늘, 루비의 적색은 불, 다이아몬드의 반투명 백색은 빛을 나타낸다.

표1-1　　　　　　　　탄생석

1월	가넷	7월	루비
2월	자수정	8월	페리도트 사도닉스
3월	아콰마린 블러드스톤 산호	9월	사파이어
4월	다이아몬드	10월	오팔 투르말린
5월	에메랄드 비취	11월	토파즈 시트린
6월	문스톤 진주	12월	터키석 라피스라줄리 탄자나이트

크기나 연마의 완성도 등을 따지지 않고 단순히 보석 자체만 놓고 본다면, 탄생석 중에서 가장 비싼 보석은 단연 다이아몬드다. 이에 관해서는 다음과 같은 주장이 있다.

"이 돌의 효력은 물질 대부분을 이겨내는 단단함이나 불순물이 없는 투명함 때문에 생긴다고 한다. 그래서 몸에 지니면 비범한 강함과 정신력, 용기를 받아서 승리를 가져온다고 여긴다. '마르보두스의 이야기'에 따르면 다이아몬드는 훌륭한 힘을 가진 신비한 돌이며, 밤의 유령을 쫓아낼 수 있다고 한다. 이런 효력을 발휘하려면 금에 끼워서 왼손에 붙여둬야만 한다. 악마도 다이아몬드의 지고한 가치를 이해하고 있었던 것 같다. 다이아몬드는 악마에게 커다란 적이었다. 밤낮으로 악마의 힘을 저지하기 때문이다."

다이아몬드는 자연 물질 중에서는 세상에서 가장 단단하고, 악마를 저지할 정도의 힘을 가지고 있다고 믿는 사람들이 많았다. 이런 이유로 오랜 옛날부터 사람들은 다이아몬드에 큰 관심을 가졌다. 사람들이 고대 이집트 시대부터 이 보석을 알았다고 하는데 과연 그럴까?

출애굽기

고대 이집트는 태양신 '라'를 비롯해 여러 신을 믿는 다신교였기 때문에 유일신을 믿는 유대인을 받아들이지 않았다. 하지만 팔레스타인에서 목축 생활을 하던 유대인 중에는 기근 때문에 이집트로 이주해서 농경 생활을 시작한 사람들도 있었다. 이들은 많은 식량을 생산해서 풍요를 누렸다.

이런 유대인을 두고 볼 수 없었던 이집트 파라오는 힘든 노동을 부과하여 그들을 괴롭혔다. 파라오는 한술 더 떠서 "유대인 여성이 출산할 때 남자아이를 낳으면 그 아이는 죽이고, 여자아이를 낳으면 그 아이는 살려두라."라고 조산사에게 명령했다. 하지만 실제로는 조산사들이 남자아이가 태어나도 죽이지 않고 숨겼다. 그러자 파라오는 "유대인 남자아이가 태어나면 그 아이를 나일강에 흘려보내라."라고 명령했다.

이 명령이 내려진 후, 한 유대인 여성이 남자아이를 낳은 후 파피루스로 만든 배에 실어 나일강에 띄워 보냈다. 다행히 이집트 공주가 강물에 떠내려가던 아이를 발견해 정성껏 길렀다. 공주는 아이에게 모세라는 이름을 붙였다.

성장한 모세는 유대인에게 가혹한 노동을 부과하던 이집트인을 죽였고, 그 사실이 발각되어 이집트를 탈출하여 아라비아반도에서 살았다. 모세는 이집트에 돌아가서 동포들을 구해야 한다는 유대교 신의 말씀을 따라서 이집트로 돌아왔다.

모세는 이집트에서 파라오의 허가를 받고 유대인을 데리고 나오려고 했다. 하지만 파라오는 마음을 바꿔 군대를 동원하였고, 모세가 이끄는 사람들은 당장이라도 살해당할 위기에 처했다. 그때 홍해가 갈라져 그 사이의 길을 통해 사람들이 빠져나가면서 이집트 군대의 추격에서 벗어났다. 그러나 그들을 쫓던 이집트 군사들은 갈라진 바다가 원래대로 돌아와 홍해에서 익사했다.

《출애굽기》에 적혀 있는 내용이다. 기원전 14세기 말부터 기원전 13세기 사이에 벌어진 일이라고 한다.

구약성서에 나오는 '다이아몬드'는 진품일까

《출애굽기》에는 대제사장이 지녀야 할 열두 가지 보석에 관한 이야기가 나오는데 다이아몬드를 그중 하나로 여겼다. 따라서 당시 이집트에는 다이아몬드가 있었을 것이다. 하지만 《출애굽기》가 쓰였다고 추정되는 기원전 600년 무렵의 과학 기술 발달 정도를 생각해 보면 열두 종류 보석에 관한 지식 자체가 애매했을 것이며, 과연 정말 현재와 같은 보석을 지칭하는 것인지도 의심스럽다.

《출애굽기》에는 다음과 같은 내용이 나온다.

···그것에 네 줄로 보석을 물리되
첫 줄은 홍보석 황옥 녹주옥이요
둘째 줄은 석류석 남보석 홍마노요
셋째 줄은 호박 백마노 자수정이요
넷째 줄은 녹보석 호마노 벽옥으로 다 금테에 물릴찌니···

여기에는 다이아몬드가 나오지 않는다.

표1-2

12가지 보석

성서 표현	예전 일본어 번역	새로운 일본어 번역
sardius	적옥	홍옥수
topaz	황옥	귀감람석
carbuncle	마노	수정
emerald	홍옥	석류석
sapphire	청옥	청금석
diamond	금강석	홍줄마노
jecinth	심홍옥	황수정
agate	흰마노	마노
amethyst	자옥	자수정
beryl	황녹옥	황벽옥
onyx	총형	줄마노
jasper	벽옥	벽옥

　표1-2는 일본을 대표하는 광물학자인 스나가와 이치로 씨가 작성한, 개정표준 번역 성서의 예전 일본어 번역과 새로운 일본어 번역을 대비한 내용이다. 예전에는 다이아몬드라고 번역했던 '금강석'을 지금은 마노라고 번역한다. 따라서 새로운 번역을 기준으로 하면 《출애굽기》에는 다이아몬드가 나오지 않는다.

　물론 그렇다고 해도 당시 이스라엘 사람들이 다이아몬드를 본 적이 없을 것이라 단정할 수는 없지만, 적어도 흔하지는 않았을 것으로 생각한다.

당시 인도에서 이집트에 이르는 무역 경로가 고대의 중요한 교역로였다는 점을 고려하면 '다이아몬드'라는 단어가 알려져 있었을 가능성도 충분하다. 어쩌면 다이아몬드 그 자체를 교역했을 가능성도 있다. 하지만 실물을 본 사람은 거의 없었을 것으로 추정하고 있다.

고대 이스라엘 왕국의 솔로몬왕(재위 기원전 971~기원전 931)은 솔로몬 성전을 세우면서 석재를 절단할 때 다이아몬드를 사용했다고 한다. 하지만 나는 사실이 아닐 것으로 생각한다. 석재를 절단하려면 상당히 많은 다이아몬드가 필요한데, 그만큼의 다이아몬드를 인도에서 이스라엘로 수송했다고 보기는 어렵기 때문이다. 이 이야기는 다이아몬드의 중요성을 과장하기 위해 만들어 낸 허구일 것으로 생각한다.

단, 《에스겔서》에는 "네 이마로 화석보다 굳은 금강석같이 하였으니 그들이 비록 패역한 족속이라도 두려워 말며 그 얼굴을 무서워 말라."라는 문장이 있다.

이 구절에서 금강석을 다이아몬드라고 번역할 것인지 생각해 봐야 한다. 왜냐하면 영어판에는 'adamant'라고 쓰여 있기 때문이다. 예전에는 이 단어를 다이아몬드라고 생각했지만, 실제로는 '매우 단단한 돌'이라는 의미라서 다이아몬드가 아닐 가능성이 더 높다. 만일 다이아몬드라면 다이아몬드라는 광물이 당시 사람들 입에 오르내렸어야 한다.

《에스겔서》는 기원전 6세기의 예언자 에스겔이 한 예언을 기록한 것이고 《출애굽기》보다 한참 뒤의 일이지만, 이 무렵이라고 해서 다이아몬드를 알고 있는 사람이 많았을 것 같지는 않다. 따라서 여기에서 언급된 보석은 다이아몬드가 아닐 것으로 생각한다.

고대 그리스 ― 제국주의와 민주제

서양사에서 고전이나 고대 역사란 대부분 그리스와 로마에 관한 것이다. 그리스와 로마는 폴리스(도시국가)에서 시작했는데, 그리스는 폴리스 체제를 계속 유지했고 로마는 광대한 영토를 가진 대제국으로 성장했다.

폴리스는 민주주의의 발상지라고 한다. 남자는 18세가 되면 최고의결기관인 민회에 참가할 수 있었다. 현대사회의 간접민주제와 달리 그리스 민주체는 직접민주제였다.

그리스에는 1,000개가 넘는 폴리스가 있었다고 하지만 우리가 익히 아는 것은 아테네와 스파르타 정도로 아테네는 약 3만 명, 스파르타는 약 1만 명 정도의 시민이 공동체를 이루었다고 한다. 그 밖의 폴리스는 명확한 실태가 알려지지 않았고 규모도 수백 명에 불과할 정도로 작았다.

민주제였다고는 해도 노예제가 있었던 데다가 여성은 참정권이 없었으므로 현대 관점에서 보면 결코 '민주적'이라 할 수 없다.

한편, 도시국가 수준에 머무르며 해외 영토를 획득하지 않은 그리스였지만 동지중해를 중심으로 식민도시는 몇 개 건설했다. 곡물이 부족해서 곡물을 입수하기 위해 다른 지역으로 진출해야 했기 때문이다.

이처럼 어느 정도는 제국주의적인 성격을 가진 그리스가 제국주의 대국인 이웃 국가 아케메네스 왕조 페르시아와 전쟁을 하게 되는 것은 필연이었다. 페르시아 전쟁에서 그리스 도시국가들이 승리했다고 하지만 강화조약 자체를 맺었는지도 불확실하므로 정말로 승리했는지는 의문이 남는다.

아케메네스 왕조와 벌인 전쟁에서 중심 역할을 한 아테네는 그리스 사회의 맹주였다. 하지만 펠로폰네소스 전쟁(기원전 431~기원전 404)에서 스파르타를 맹주로 하는 펠로폰네소스 동맹이 아테네를 맹주로 하는 델로스 동맹을 쓰러트리며 스파르타가 그리스 도시국가의 새로운 중심이 되었다.

기원전 5세기 중반에는 스파르타를 대신해서 테베가 맹주가 되었지만, 마케도니아의 필리포스 2세(재위 기원전 359~기원전 336)가 기원전 338년에 카이로네이아 전투에서 테베와 아테네 연합군을 격파하고 그리스의 지배자가 되었다. 그의 아들 알렉산드로스 대왕은 유명한 대원정을 하여 인더스강까지 이르는 대제국을 형성했다. 이후 도시국가를 이념으로 하는 고대 그리스 시대는 막을 내렸다.

고대 로마

고대 로마는 기원전 753년에 건국되었다. 이후 기원전 509년까지 로마는 왕정이었다. 그 후 공화정이 된 로마에서는 기원전 367년의 리키니우스·섹스티우스법 제정 후 평등권이 강화되었으며, 이를 통해 로마의 신분 투쟁 역사는 중요한 기점을 맞게 된다.

기원전 264년~기원전 146년에 카르타고(현재 튀니지 일대에 위치해 있던 페니키아인 계열의 고대 도시)와 치른 포에니 전쟁에서 승리한 로마는 서지중해 제해권을 장악하고 식민지라고도 할 수 있는 속주를 늘려갔다.

그리스와 마찬가지로 곡물이 부족했던 로마는 이탈리아반도 밖에서 곡물을 구할 필요성이 있었는데 북아프리카에서도 곡물을 들여왔다. 로마가 북아프리카를 속주로 만든 것은 그런 이유도 있다.

속주의 곡물이 로마에 공급되었고, 로마 시민은 밀을 공급받을 특권을 가졌다. 또한 그들은 사자와 검투사의 결투 같은 구경거리를 즐겼다. 그들은 국가에 식량과 오락을 요구했고, 이를 가리켜 고대 로마 시인 유베날리스는 '빵과 서커스(시민들에게 음식과 구경거리를 제공해 관심을 돌려 불만을 누그러뜨리는 정책을 비유적으로 이르는 말 — 옮긴이)'라고 조롱했다.

시간은 흘러 212년에 카라칼라 황제는 안토니누스 칙령을 내려

제국 안의 모든 자유민에게 시민권을 부여했다. 이 때문에 로마 제국은 매우 많은 사람에게 식량을 공급해야만 했고, 이것은 제국 재정에 큰 부담을 주었다.

로마 자체는 기원전 27년에 아우구스투스에 의해 제정으로 바뀌었다. 로마의 최대 전성기는 오현제 중 하나인 트라야누스 황제(재위 98~117)가 통치한 시기였다.

디오클레티아누스 황제(재위 284~305)는 286년에 로마 제국을 동서로 나눠서 분할 통치 체제로 바꿨다. 스스로는 동쪽의 황제가 되어서 니코메디아(현재의 이즈미트)를 수도로 삼아 통치했다. 서쪽의 황제는 막시미아누스 황제였고, 메디올라눔(현재의 밀라노)을 수도로 삼아 다스렸다. 293년에는 각자 부황제를 두고 제국을 통치했다.

로마 제국을 다시 통일한 콘스탄티누스 황제(재위 306~337)는 313년에 그리스도교를 공인하고, 330년에는 수도를 로마에서 비잔티움으로 옮기고 이름을 콘스탄티노플(현재의 이스탄불)로 바꿨다. 그 후 395년에 로마 제국은 다시 동서로 분열했고, 서로마 제국은 476년에 멸망했지만 비잔틴 제국(동로마 제국)은 1453년에 오스만 제국에 의해 멸망할 때까지 존속했다.

비잔틴 제국에서 받들었던 그리스정교를 계승한 것은 러시아 정교를 받드는 모스크바 대공국과 그 후계자라고도 할 수 있는 로마노프 왕조(러시아)였다. 그러므로 러시아를 로마 제국의 후예라고 간주할 수도 있을 것이다.

그리스인은 다이아몬드를 몰랐다?

고대 세계에서도 다이아몬드의 존재는 알고 있었다. 하지만 무역량이 많지는 않았다. 애초에 다이아몬드는 비싸서 소량 거래로도 큰 이익을 기대할 수 있었던 것도 한 요인일 것이다.

이 무렵 다이아몬드 산지는 대부분 인도였는데, 인도에서 그리스와 로마로 수송하는 데에는 어려운 점이 있었다. 인도 북서부에서 메소포타미아에 이르는 교역 루트를 중개하는 페니키아인들이 있었기 때문이다. 그들이 다이아몬드에 관한 지식을 그리스에 전했을 가능성도 충분히 있다.

페니키아인은 현재의 레바논을 근거지로 해서 지중해 교역으로 번영했다. 역사의 아버지로 불리는 헤로도토스는 페니키아인이 홍해에서 출발하여 아프리카 대륙을 반시계방향으로 3년에 걸쳐 일주했다고 했다. 그러므로 홍해에서 동쪽으로 돌아서 인도로 향했을 것도 충분히 생각할 수 있다.

페니키아인은 서지중해에 식민도시를 구축할 정도로 해운업이 매우 발달해 있었다. 따라서 해상 루트를 이용했다면, 페니키아인이 다이아몬드에 관한 지식 전파에 관여했을 가능성이 높다. 그리스인들도 동지중해에 식민도시가 있었으므로 어느 정도 해운 능력은 있었다고 볼 수 있지만, 페니키아 해운업과는 비교할 수 없는 수준이었다.

기원전 8세기 그리스의 서사시인 헤시오도스가 활동하던 시절부터 다이아몬드를 표현하기 위해 '정복할 수 없는', '굴하지 않는'이라는 그리스어 'αδάμας'를 사용했다. 다이아몬드를 나타내는 '아다마스(adamas)'라는 단어의 어원이 여기에 있다. 다이아몬드가 웬만해선 깨지지 않기 때문일 것이다. 하지만 더 정확하게 말하자면 아다마스가 꼭 다이아몬드를 가리키는 단어는 아니며, 다른 광물을 의미할 가능성도 충분히 생각할 수 있다.

구체적으로 아다마스의 용례를 살펴보자. 기원전 8세기의 헤시오도스, 기원전 6세기~기원전 5세기의 시인 핀다로스, 핀다로스와 같은 시기에 활동한 시인 아이스킬로스, 그리고 철학자 플라톤(기원전 428?~기원전 347?)은 아다마스를 기본적으로 철의 합금으로 생각했다.

아다마스가 보석이라는 뜻으로 쓰이게 된 것은 기원전 1세기의 일이다. 그러므로 그리스에서 적어도 기원전 4세기까지는 다이아몬드를 현실에서 본 적이 없었을 것으로 추정한다.

플리니우스의 ≪박물지(博物誌)≫

이런 사실을 증명하는 것이 고대 로마의 박물학자 플리니우스가 쓴 ≪박물지(博物誌)≫다. 인도에서 산출되는 보석에 관한 플리니우스의 지식은 기원전 5세기 후반부터 기원전 4세기 초에 활약한 그리스 의사 쿠테시아스가 쓴 ≪인도지(印度誌)≫에서 얻은 것이다. 즉, 다이아몬드에 관한 플리니우스의 지식은 기원전 4세기 그리스인의 지식과 별반 다를 바가 없었다고 추측할 수 있다. 게다가 쿠테시아스의 인도에 관한 지식은 지인인 인도 상인을 통해 얻은 것이며, 다이아몬드에 관한 언급은 없었다. 따라서 현재로서는 그리스인이 다이아몬드 관련 지식을 갖고 있었다고 생각하기 어렵다.

플리니우스의 ≪박물지≫는 다이아몬드에 대해 다음과 같이 언급했다.

"보석은 물론이고 인간의 재산 중에서 가장 귀한 것은 아다마스다. 이것은 오랫동안 왕과 같은 소수의 사람만 알고 있었다. 아다마스는 지극히 가끔 광산에서 금과 결합한 형태로 발견된다."
"그것은 충격에 매우 강하므로 내리치는 쇠망치의 머리가 두 개로 쪼개지며, 광상(鑛床)도 비껴갈 정도다. 아다마스의 단단함은 말로 표현할 수 없고, 그것은 불을 정복해서 결코 가열할 수 없으며, 그 생사도 마찬가지다."

이 내용만 본다면 다이아몬드에 관해 쓴 것인지 알 수 없다. 만일 다이아몬드에 관한 정확한 지식이 있었다면 이런 글을 쓰지 않았으리라 생각하는 것이 타당할 것이다. 또한 다이아몬드는 인도에서만 산출되었는데 플리니우스는 아다마스가 여섯 종류이며, 그중 하나가 인도종이라고 했다. 이 기술을 보면 플리니우스가 다이아몬드에 관해 구체적으로는 알지 못했을 것으로 추측할 수 있다.

하지만 고대 로마에서는 다이아몬드라는 보석의 존재를 알고 있었다. 그뿐만 아니라 다이아몬드를 지상의 물질 가운데서 최대의 내적 가치를 지닌 물질로 여겼다. 다만 현실에서 다이아몬드를 본 사람들은 상당히 적었을 것이다.

이 세상에서 가장 비싸다?

고대 로마의 풍자시인 유베날리스와 플루타르코스는 다이아몬드가 상당히 귀한 물건이라는 것을 알고 있었다. 어쩌면 그들은 다이아몬드가 세상에서 가장 비싼 것이라고 생각했을지도 모른다.

로마 시대의 다이아몬드에 관한 지식은 프톨레마이오스의 ≪지리학(地理學)≫에서 유래했다. 이 책에 따르면 다이아몬드는 강의 충적지에서 얻을 수 있다. 하지만 ≪지리학≫에 기술된 내용을 프톨레마이오스가 알고 쓴 것인지, 혹은 후학들이 덧붙인 것인지는 알 수 없다. 원전과 나중에 나온 판본의 기술이 다르기 때문이다.

추측으로는 다이아몬드 산지 인도의 데칸고원에 있는 골콘다의 강물 흐름을 따라 형성된 사력퇴적지형에 다이아몬드가 포함되어 있었을 것이고, 이를 토대로 책을 쓴 것이 아닌가 하는 생각이 든다. 그러나 이보다 이전 시대에는 그에 관한 기술을 찾을 수가 없다. 그러므로 프톨레마이오스보다 이전 시대 사람들은 다이아몬드가 어떻게 산출되었는지 몰랐던 것으로 추측할 수 있다.

로마에서는 3세기 말에 디오클레티아누스 황제가 가짜 보석을 만드는 방법을 기록한 문서를 대부분 소각했다. 그중에 가짜 다이아몬드를 제조하는 방법이 있었을 가능성이 크다. 로마 시대에는 고귀한 사람들이 몸을 장식하기 위해 다이아몬드를 사용했다. 가치를 높게 평가했다기보다는 다이아몬드가 상징하는 '무적'이라는 관념을 장식품으로 치환한 것이다. 이 상징성이 발전하여, 현실에서도 다이아몬드를 점차 중요한 용도로 쓰는 계기가 되었다.

다이아몬드를 로마로 수입할 때 중간 상인(상품을 한쪽에서 다른 쪽으로 전매하는 상인)으로 활약한 것은 페르시아인과 아랍인이었다.

플리니우스는 보석을 반지나 다른 용도로 사용하는 것을 로마 사회 타락의 증거라고 생각했다. 기원전 5~4세기 로마에서는 금반지를 허용하지 않았고, 철로 만든 반지만을 인정했다. 그 후 상황이 바뀌어 1세기부터 2세기에 걸쳐 브리타니아(현재의 영국)에서 시칠리아에 걸친 로마 제국 영토에서 발견된 반지 종류는 대부분

금이었다. 로마에 다이아몬드가 있었고 반지로 사용되기도 했지만, 대개의 경우 다이아몬드를 활용해 반지로 만드는 일은 없었다고 생각하는 것이 타당할 것이다.

로마에서 과시를 위한 소비는 어디까지나 금을 반지나 목걸이로 사용하는 것이었다.

세계에서 유일한 산지였던 인도

2000년 이상에 걸쳐 인도는 세계에서 유일한 다이아몬드 산지였다. 그림1-1은 예전 인도의 다이아몬드 산지를 표시한 것이다. 주요 산지는 남인도에 있었지만 북인도에서도 산출된 것을 알 수 있다.

예전에는 인도의 다이아몬드 산출이 기원전 800년~기원전 600년 무렵 시작되었다고 여겼지만 지금은 다르게 판단하고 있다. 다이아몬드라고 하는 광물이 아주 옛날부터 알려져 있었으나 상품으로 거래되기 시작한 것은 상당한 시간이 지난 후의 일이 틀림없다. 본격적인 산출이 언제 시작되었는지는 불분명하지만 7세기에는 중요한 산출물로 자리 잡았고, 17세기에는 다이아몬드 관련 산업이 활황을 맞이했다.

고대의 다이아몬드에 관한 상업 역사 사료는 매우 적다. 문헌

그림1-1 **인도의 다이아몬드 산지**

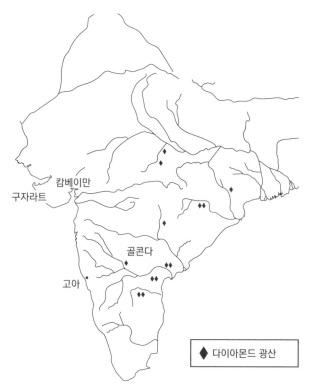

◆ 다이아몬드 광산

에 다이아몬드가 처음 등장한 것은 기원전 3세기이나 산출량은 알 수 없다. 인도의 다이아몬드 산출량은 17세기에도 명확하지 않았기 때문에 추측할 수밖에 없다. 인도 아대륙 서부의 캄베이 만은 다이아몬드 산지에서 상당히 떨어져 있지만, 다이아몬드 무역의 중심지였다.

기원전 4세기 인도의 찬드라굽타 마우리아 왕조 때부터 다이아몬드는 인도의 수출품이었다. 하지만 페르시아의 중간 상인들은 다이아몬드를 높게 평가하지 않았다. 다이아몬드를 중요한 보석으로 생각한 것은 아랍인뿐이었다.

그리스도교가 로마의 국교가 된 무렵에는 중국에도 다이아몬드에 관한 지식이 있었을 것이다. 중국에서 다이아몬드는 도구였고, 보석으로서 중요해진 것은 그 이후의 일이었다. 3세기의 중국 문헌 사료를 보면 인도가 다이아몬드의 원산지라고 기록하고 있다.

이집트 연안부에서 홍해를 거쳐 인도 서쪽 무역항으로 가는 해로가 연결된 것은 이집트의 프톨레마이오스 왕조가 멸망하고 난 다음의 일이다. 이집트와 인도 유적을 보면 로마 시대에 지중해와 인도가 육상 루트와 해상 루트로 이어진 것을 알 수 있다. 인도 · 중국 · 페르시아 · 아랍의 사치품을 로마로 수송했으며, 알렉산드리아에서 로마로 수송하는 경우도 있었다.

인도 서쪽 무지리스에서 수출한 상품에 다이아몬드가 있었다. 구체적인 수출량은 알 수 없지만 그렇게 많지는 않았을 것으로 생각한다. 앞에서 말한 네트워크를 이용해 수송한 일부가 로마 세계에 들어갔을 것으로 추측할 수 있다.

인도에서 난 다이아몬드는 로마 제국뿐만 아니라 중국(한나라)에도 수송되었다. 그림1-2의 경로를 통했을 것으로 추측한다. 하

그림1-2　　　　　　인도양의 해양 네트워크

지만 그 양이 많았을 것 같지는 않다. 다이아몬드가 그렇게 많이 산출되는 광물이 아니었기 때문이다.

　고대에는 상품 수송 비용이 많이 들었고, 도중에 산적이나 해적을 만나거나 난파당할 가능성도 상당히 컸다. 다이아몬드는 비싼 상품이므로 거래에 실패했을 때 손실은 막대했을 것이다. 더욱이 보험도 아직 발달하지 않았으므로 손실을 메꿀 수 없었을 것이다.

유럽에서 높아진 인지도

　지중해에서는 다이아몬드가 다른 물질보다 단단하고, 파괴되지 않는 점을 높게 평가했다. 다이아몬드의 단단함은 헬레니즘 시대와 로마 시대에서도 중요한 상징 역할을 했다.

　하지만 보기에 좋고 투명성이 높은 다이아몬드가 유럽에 널리 알려져 있었다고 단정할 수는 없다. 대부분의 다이아몬드 수요는 인도에 있었다. 게다가 이집트와 비잔틴 제국에는 중간 상인이 있어서 좋은 다이아몬드가 호르무즈, 알레포, 이스탄불을 거쳐서 서유럽으로 가는 것을 방해했다.

　유럽에 다이아몬드 수요가 생긴 것은 종교적인 이유뿐만이 아니라, 서로마 제국이 붕괴하면서 금을 중심으로 한 사치품 문화가 소멸했기 때문이다. 4세기가 되면서 다이아몬드를 구매할 수 있는 부유층은 사라졌다. 그리고 중세 전성기(11~13세기)에 이르면 다이아몬드는 서유럽에서는 거의 잊힌 존재가 되었다.

　인도와 마찬가지로 로마도 다이아몬드에 주술과 독약에 대한 방어력이 있다고 믿었다. 또 서유럽 지역에서도 다이아몬드에 주술적인 성격이 있다고 생각했다. 적어도 13세기에 이르기까지 그것은 지배적인 사고방식이었고, 다이아몬드의 단단함을 충분히 이해하고 있었다.

　8세기에는 베네치아가 동방과 서유럽을 연결하는 중요한 무역

항이 되었다. 베네치아 상인은 이집트의 알렉산드리아와 시리아의 알레포에서 사치품을 구매한 다음, 이탈리아 북부 파비아로 가져가 프랑크 왕국의 상인에게 팔았다.

하지만 이 무렵에 다이아몬드를 거래한 것은 아니다. 베네치아의 상거래에서 다이아몬드에 관해 종종 언급하게 된 것은 16세기 말의 일이다. 베네치아에서 리스본 · 안트베르펜 · 파리 등으로 다이아몬드를 보냈다. 미가공 다이아몬드는 안트베르펜으로 보내졌고, 절삭 · 연마한 다이아몬드는 리스본으로 보내졌다.

십자군의 영향

십자군을 통해 사치품이 유럽으로 유입된 것은 정치적 이유 때문이 아니라 무역이 활발했기 때문이다.

베네치아인은 이집트, 시리아와 직접 무역할 수 있었으므로 취급하는 상품 종류를 늘렸다. 베네치아가 경쟁 상대인 콘스탄티노플을 공격한 제4차 십자군 원정(1202~1204) 이후, 베네치아 일대 무역 상인은 당시 보석 무역의 거점인 알레포와 알렉산드리아에 통상 거점을 구축하였다.

보석 수요는 호엔슈타우펜 왕조 시대의 신성 로마 제국에서 많이 증가했다. 거기에 가장 크게 공헌한 것은 시칠리아에 있던 신성 로마 제국 황제 프리드리히 2세였다. 프리드리히 2세는 '왕좌 최초의 근대인'으로 불리며 르네상스를 이끈 인물로 알려졌다.

다이아몬드는 당시까지 서유럽에는 그다지 알려지지 않았지만, 신성 로마 제국은 프리드리히 2세의 영향으로 어느 정도 다이아몬드를 인식하게 된 것 같다. 또한 십자군의 영향을 받아 무역량이 증가했고, 지역에서 금광과 은광도 발견되었다. 금과 은을 가지고 보석을 수입했는데 그중 하나가 다이아몬드였다. 그리고 다이아몬드를 절삭·연마해서 완성품으로 만드는 기술이 향상되었다. 또한 광택을 내고 아름답게 보이도록 만들 수 있게 되었고, 수송하는 기술 수준도 높아졌다. 이를 통해 다이아몬드는 서유럽에서 가장 수요가 큰 보석이 되었고, 사람들의 욕망을 채우게 되었다.

하지만 다이아몬드를 착용할 수 있는 사람은 제한되어 있었다. 영국에서는 1283년에 '고귀한 사람'만 보석을 착용할 수 있도록 제한하는 법률을 제정했다. 이 법률은 1363년에 좀 더 엄격하게 바뀌어 기사조차도 보석 착용을 허락받지 못했다. 스페인에서도 1380년에 왕족만 보석을 착용할 수 있도록 하였다.

다이아몬드 수요와 상관없이 다이아몬드를 지닐 수 있는 사람이 극소수이다 보니, 본격적인 다이아몬드 거래는 후대를 기다려야만 했다.

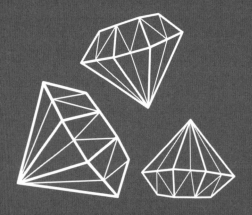

제 2 장

대항해 시대와
‡
다이아몬드

1

대항해 시대

다이아몬드에 눈뜬 유럽

금, 꿈을 좇은 대항해 시대

유럽인들이 바다를 통해서 여러 지역으로 진출한 15세기에서 17세기 전반기까지를 일반적으로 '대항해 시대'라고 부른다.

대항해 시대가 시작된 이유는 무엇일까? 필자는 아프리카의 금을 입수해야 할 필요성이 계기가 되었다고 생각한다. 유럽의 금 산출량이 14세기에 증가했지만, 금 소비량은 그 이상으로 급속하게 늘어났다. 그래서 유럽은 금의 새로운 산출지를 서아프리카에서 찾아낸 것이다.

그렇지만 유럽과 서아프리카의 교역에는 큰 걸림돌이 있었다.

이슬람교도인 베르베르족이 사하라 종단 교역을 통해 금을 유럽으로 보내고 있었던 것이다. 이슬람교도의 세력이 강력해서 사하라 종단 교역에 가담할 수 없었던 유럽인들은 아프리카의 금을 입수하기 위해 바닷길을 이용할 수밖에 없었다.

초창기, 아프리카와 벌인 무역은 단순한 연안 교역이었지만, 1497년 바스쿠 다가마가 포르투갈 리스본에서 출발하여 인도의 캘리컷(현재의 코지코드)에 도착하면서 연안 교역의 범위를 확대할 수 있는 계기를 마련했다. 즉, 연안 항해가 서서히 대항해 시대로 변화해 갔다고 할 수 있다. 그 기점으로 들 수 있는 것이 1492년 콜럼버스의 신세계 발견이다.

대항해 시대에 접어들자 유럽인들은 비교적 많은 다이아몬드를 수입할 수 있게 되었다. 유럽과 아시아 사이의 항로가 활발해지지 않았다면, 유럽인들이 다이아몬드를 빈번하게 거래할 수는 없었을 것이다.

다이아몬드와 산호

대항해 시대에 유럽인은 세계 각지로 진출했다. 그리스도 교인뿐만 아니라, 많은 유대인이 아시아와 신대륙으로 이주하거나 아시아와 거래했다. 대표적으로 이베리아계 유대인 세파르딤이 아시아와 신대륙으로 이주했다. 동유럽계 유대인 아시케나지는 아시아와 거래하기는 했지만 이주하지는 않았던 것 같다.

유대인이 대항해 시대로 인해 세계로 진출한 민족이라면, 지금의 이란 고원 부근을 중심으로 상업 활동을 한 아르메니아인들은 그 이전부터 유라시아 대륙에서 활약한 민족이었다. 그들은 301년에 세계에서 처음으로 그리스도교(아르메니아정교)를 국교로 삼았지만, 나라를 잃고 나서는 주로 상업에 종사했다. 이들은 육상 루트를 통한 다이아몬드 수송에 깊이 관여했다.

유럽인이 인도에서 다이아몬드를 수입하면서 그 대가로 수출한 상품은 지중해산 산호였다. 그래서 인도와의 거래에는 필연적으로 지중해가 관계했으며, 이베리아계 유대인 세파르딤도 가담하게 된 것이다.

17세기 이후 인도양에서 유럽인들의 무역이 증가했기 때문에 지중해 산호가 더욱 중요해졌다. 원래 유럽에서 아시아로 수출할 수 있는 상품은 거의 없었지만, 붉은 산호에 대한 아시아의 수요는 매우 컸다. 산호는 특히 인도에서 수요가 커서 가격이 올라갔다.

여러 종류의 산호가 포르투갈 배에 실려 인도 항구 도시인 고아에 도착했다. 그리고 서아프리카에서 노예를 구매할 때 대금으로 산호를 사용하기도 했다. 산호는 백해의 아르한겔스크에까지 수출되었다.

인도의 다이아몬드 산지 가운데 가장 중요한 지역은 중부의 골콘다였다. 포르투갈은 매우 초기부터 인도의 다이아몬드에 눈독을 들여서 오스만 제국의 레반트를 거쳐 유럽으로 수송했다.

중세에는 인도 다이아몬드의 대부분을 베네치아에서 절삭·연마한 뒤 그 일부를 지금의 벨기에에 있는 안트베르펜, 포르투갈의 리스본, 프랑스의 파리로 보냈다. 리스본과 베네치아는 서로 경쟁하는 관계였다.

17~18세기가 되자 마르세유와 제노바를 대신하여 리보르노가 산호 무역과 제조의 중심지가 되었고, 암스테르담은 안트베르펜을 대신하여 다이아몬드 컷 연마의 중심지가 되었다.

2

인도의 다이아몬드를 수입하다

장 바티스트 타베르니에의 ≪인도 여행기≫

프랑스인 여행가 장 바티스트 타베르니에(1605~1689)는 보석을 취급하는 상인이기도 했다. 타베르니에는 위그노 상인이자, 유럽인으로서는 처음으로 인도의 다이아몬드에 관한 보고서를 쓴 것으로 알려졌다. 타베르니에는 여섯 번에 걸쳐 아시아로 향했고, 그 체험을 ≪인도 여행기≫에 정리했다. 여행기에는 당시 아시아, 특히 인도 보석에 관한 귀중한 정보가 기록되어 있다.

여섯 번의 여행에서 파리·마르세유·이스탄불·이스파한·바그다드·샴·바타비아·알레포·알렉산드리아·몰타·바스

그림2-1 《인도 여행기》에 등장하는 보석

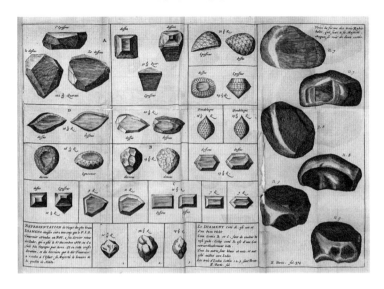

라 · 자바 · 골콘다 · 아그라 · 반다르아바스 · 스미르나(이즈미르의 옛 이름) 등을 방문했다. 타베르니에는 육상 루트뿐 아니라 해상 루트로도 여행했다. 다이아몬드는 거의 해상 루트로만 거래했다.

그가 인도에서 방문한 다이아몬드 광산은 골콘다 등 세 군데에 불과했지만, 골콘다의 다이아몬드 광산은 중요도가 높아서 그가 남긴 정보는 매우 유용하다. 골콘다 동부 광산에는 6만 명이 일했다고 한다. 다이아몬드는 인도인에게 커다란 고용 기회를 제공했던 것이다.

1645년, 그는 인도 북서부의 수라트를 통해 인도에 들어간 세

번째 여행에서 처음 골콘다를 방문했다. 3년 후인 1648년에 고아를 방문했을 때 다이아몬드를 봤지만, 자신이 보석을 취급한다는 사실은 밝히지 않았다. 타베르니에는 인도네시아의 바타비아와 자바섬까지 항해했다.

타베르니에가 여섯 번째 여행을 마치고 파리로 가지고 온 것은 커다랗고 푸른 다이아몬드였다. 이 보석에 대한 대가로 프랑스 국왕 루이 14세가 1668년에 89만 8,731리브르(프랑스의 옛 화폐 단위)를 지급했다. 이것이 저주를 불러오는 다이아몬드로 유명한 호프 다이아몬드다.

볼테르에 따르면 "타베르니에는 철학자보다 상인을 중요시했고, 다이아몬드를 구매하러 가는 길에 관한 정보밖에 전하지 않았다."라고 한다. 즉, 그의 여섯 번에 걸친 아시아 여행은 다이아몬드를 구매하기 위해 아시아와 유럽을 오간 경로를 보여주는 것이다.

인도에 들어온 외국 은화는 독일의 라이히스탈러와 스페인의 레알 은화였다. 전자는 폴란드 상인과 모스크바 상인이 가져왔고, 후자는 이스탄불 · 스미르나 · 알레포 상인과 주로 비단을 판매하던 아르메니아인이 가져왔다. 또 타베르니에의 책을 통해 아르메니아인이 비단 수송으로 이익을 얻었다는 것을 알 수 있다.

저주받은 '호프 다이아몬드'

  타베르니에가 가져왔다고 하는 호프 다이아몬드는 9세기에 인도에서 발견되었다는 짙은 푸른색의 약 112캐럿짜리 다이아몬드이다. 타베르니에는 이 다이아몬드를 루이 14세에게 팔았다. 이후 호프 다이아몬드는 소유자에게 재앙을 가져온다는 이야기 속 주인공이 된다. 그 시작은 타베르니에 자신이 나중에 러시아에서 들개 떼에게 잡아 먹혔다는 것인데, 실제로는 자연사했다. 루이 14세 통치 후반에 국정이 문란해졌던 것이나 루이 15세가 천연두로 사망했던 것, 다음 소유주였던 마리 앙투아네트가 단두대의

일화가 많은 호프 다이아몬드

이슬로 사라졌던 것 등도 모두 이 다이아몬드의 저주 때문이라는 이야기가 떠돌았다.

그 후 프랑스 혁명으로 인해 호프 다이아몬드의 행방이 묘연해졌었는데, 1800년에 네덜란드의 보석 연마사인 펄스가 소유하게 되었다고 한다. 하지만 그의 아들이 다이아몬드를 제멋대로 팔아버려서 펄스는 그 충격으로 사망했고, 그 아들은 미쳐서 자살했다. 이때 호프 다이아몬드를 산 사람은 목에 고기가 걸려서 죽었다고 한다.

저주 이야기는 끝나지 않아, 영국의 기업가 엘리아슨이 말을 타던 중 낙마해서 사망한 것도 모두 호프 다이아몬드를 손에 넣었기 때문이었다고 믿은 사람이 많았다. 이후, 호프 다이아몬드는 런던에서 경매되었고, 낙찰받은 사람은 런던의 은행가 헨리필립 호프였다. 그렇지만 그도 역시 몇 년 후에 파산하고 실의에 빠져서 사망하여 호프 집안은 몰락했다. 1911년에는 에드워드 맥클린이 아내를 위해 호프 다이아몬드를 구매했는데, 아들이 교통사고로 사망하고 이를 계기로 부부는 이혼했다. 이 저주 이야기가 끝이 난 것은 1949년 무렵이다. 뉴욕의 보석상 해리 윈스턴이 호프 다이아몬드를 사들인 후 소유하다가 스미소니언 협회에 기증하면서 저주가 사라졌다.

호프 다이아몬드라는 명칭은 호프 집안이 소유했었기 때문에 붙은 이름인 것 같다. 분명, 소유했던 사람 중에 불행해진 사람도 있었지만, 지금은 그것이 호프 다이아몬드의 저주 때문이었다고 생각하는 사람은 없다. '보석의 저주'라는 소재는 흥미로우나, 이는 모두 사람들의 호기심을 자극하기 위해 부풀려진 이야기일 뿐이다.

재앙의 '코이누르'

호프 다이아몬드와 함께 거론되는 다이아몬드라고 하면 코이누르(Koh-i-Noor)일 것이다. 코이누르는 '빛의 산'이란 의미로 이 다이아몬드를 소유하는 사람은 세계를 정복한다고 전해지며, 역대 인도 황제들의 권력을 상징하기도 했다.

전설에 따르면 코이누르는 수천 년 전부터 존재했고, 적어도 14세기 초에는 실재했던 것 같다. 인도에서 발견된 최대의 다이아몬드였다고 하며, 처음에는 무려 186캐럿이었다고 한다. 이 크기 때문에 널리 알려졌고, 이것을 입수하기 위해 피를 흘리는 일도 있었다. 그래서 코이누르에는 저주가 걸려 있다는 전설이 생겨난 것으로 보인다. 그 저주는 남성이 손에 넣을 때 발생한다고 하는데, 옛날부터 전장에서 싸우거나 황제 자리를 놓고 다투는 것은 주로 남성이었기 때문에 이것은 당연하다고 할 수 있다.

무굴 제국의 황제 바부르에 관해 기록한 ≪바부르 나마≫에 따

왕관에 장식된 코이누르

르면, 코이누르는 바부르가 전리품으로 손에 넣은 것이다. 1739
년이 되자 아프샤르 왕조의 나디르 샤가 무굴 제국을 격파하고
델리를 점령했다. 이때 코이누르를 손에 넣으려 했으나 발견할
수 없었는데, 나중에 무굴 제국 황제의 터번에 숨겨져 있던 것을
알게 되어 코이누르를 손에 넣을 수 있었다고 한다.

코이누르는 1849년에 영국으로 옮겨져서 1851년 런던 만국박
람회에서 '세계 최대, 186캐럿 다이아몬드'라는 화려한 조명을 받
으며 전시되었다. 하지만 크기만 할 뿐 아름답지 않아서 가공되

는 운명을 맞았고, 절삭 후에는 105.6캐럿으로 줄어들었다. 간혹, 영국이 세계를 지배한 것은 이 다이아몬드를 소유한 덕분이라고 믿는 사람도 있었다.

현재 코이누르는 엘리자베스 여왕의 어머니가 쓰던 왕관에 장식되어 있다. 엘리자베스 여왕은 이 왕관을 쓰지 않으려 하는데, 아마 코이누르가 재앙을 초래한다고 생각하고 있기 때문일 것이다.

포르투갈의 아시아 진출

알려진 대로 1498년 바스쿠 다가마가 인도 캘리컷에 도착해서 포르투갈의 아시아 진출이 시작되었다.

1509년에는 아폰수 드 알부케르크가 디우 해전에서 이슬람의 맘루크 왕조 함대를 격파하고, 포르투갈의 아라비아해 지배를 결정지었다. 디우는 이슬람교도 상인에게 중요한 곳으로 인도 서안에 있었다. 알부케르크는 1510년에 고아를 점령하고 견고한 요새를 건설하여 거점으로 삼았다. 다음 해, 동남아시아의 요충지에 자리 잡고 있던 믈라카 왕국을 멸망시켰다.

믈라카에 아파모사 요새를 건설한 알부케르크는 이어서 1512년에는 말루쿠 제도의 테르나테섬에 도착했고, 다른 한편으로 탐험 함대를 파견하여 반다 제도에도 도달했다. 1515년에는 호르무즈섬을 완전히 공략했다. 이로써 포르투갈은 호르무즈 해협(페르시아만과 오만만을 이어 주는 해협), 고아, 믈라카를 하나의 선으로 연결하는 데 성공했다.

　이 가운데 중심 역할을 한 곳이 고아였다. 인도의 다이아몬드를 고아에 모아서 유럽으로 수송하게 되자 고아는 다이아몬드 수출의 거점이 되었다.

3

안트베르펜과 암스테르담

유대인과의 관계

유럽 최대의 다이아몬드 무역 도시의 탄생

16세기 안트베르펜은 유럽 상업의 중심이었다. 더 나아가 유럽 최대의 다이아몬드 무역 도시로 성장해 나갔다.

포르투갈이 새로운 항로를 개척한 결과 다이아몬드 거래 거점이었던 베네치아의 지위가 낮아지고 다이아몬드 시장이자 원석을 제품으로 마감할 수 있었던 안트베르펜의 지위가 높아졌다.

안트베르펜이 있는 플랑드르 지방은 원래 다이아몬드 절삭 기술이 발전했으며, 14세기 말에는 베네치아에 필적하는 수준이었다. 16세기 초까지는 베네치아가 다이아몬드 절삭 장인에게 다이아몬드 원석을 공급하는 주요 지역이었지만, 16세기 말에는 리스본이 그 자리를 차지했다. 그리고 안트베르펜은 인도의 산출품이 리스본을 거쳐 유럽으로 들어올 때의 유통 거점이 되었다. 그래서 안트베르펜에서는 보석 무역, 특히 다이아몬드의 거래가 활발했다.

베네치아의 지위가 급속히 낮아진 것은 아니지만, 희망봉(남아프리카공화국 케이프타운 남쪽에 위치한 암석 곶 — 옮긴이)을 거쳐 아시아로 가는 길이 확립되었기 때문에, 장기적으로 안트베르펜의 대두는 당연한 일이었다.

다이아몬드 상인 제임스 도머

17세기 말에도 안트베르펜은 리스본·암스테르담·런던과 함께 유럽의 다이아몬드 교역 및 이문화간 교역(종교나 종파가 다른 사람들 사이의 교역)의 중심이었다. 네 개 도시의 주요 상인들의 종교는 다양한데, 공통점이라고 하면 그들이 종교적으로 소수파였던 지역에서 도망쳐 왔다는 점이다. 예를 들어 프랑스 프로테스탄트인 위그노는 리스본이나 런던으로 이주했다.

영국의 가톨릭 신자인 제임스 도머는 안트베르펜으로 이주한 다이아몬드 상인이다. 그는 영국에서 브뤼주로 이주했다가 안트베르펜으로 옮겼다.

런던에는 세파르딤인 프랑수아 살바도르와 요셉 살바도르가 있었는데, 그들은 포르투갈과 깊은 관계가 있었다. 특히 세파르딤 중에는 펠스 클리포드와 같은 부유한 상인도 있었다.

제임스 도머는 형인 월터 도머를 통해 오스트리아령 네덜란드(지금의 벨기에와 룩셈부르크 지역)의 무역회사인 오스텐데 회사와 연줄을 가졌고, 중국 광저우까지 진출했다. 제임스가 안트베르펜으로 이주한 당시에는 다이아몬드 외에도 다양한 상품을 취급했다. 그가 다이아몬드 거래에 관심을 가진 것은 1737년으로 추정한다.

제임스는 다이아몬드를 취급하기 위해 안트베르펜에 있는 프랑수아 살바도르와 거래하려 했다. 프랑수아는 영국령 동인도회사에서 무역 업무를 하던 아이작 살바도르와 함께 비교적 이름이 알려져 있었다. 제임스는 알렉산더 흄을 통해 프랑수아와 친해질 수 있었다.

프랑수아 살바도르는 다이아몬드 무역을 시작하며 런던 · 암스테르담 · 안트베르펜 · 리스본에 이문화간 교역 네트워크를 구축했다. 이 네트워크는 네덜란드 · 영국 · 프랑스 · 브라반트(지금의 네덜란드와 벨기에에 걸친 지역)의 네 지역과 유대교 · 가톨릭 · 프로테스탄트 세 가지 종교를 포함하고 있었다. 이런 이점을 살려 다이아몬드를 수월하게 거래할 수 있었다.

암스테르담의 대두

1540년대부터는 안트베르펜에서 암스테르담으로 이주가 시작되었다. 지금의 네덜란드와 벨기에가 한창 스페인과 독립전쟁을 치르던 1585년에 스페인군이 안트베르펜을 함락했고, 이를 계기로 암스테르담이 안트베르펜을 대신해서 융성하게 되었다. 이후 18세기가 되면 암스테르담이 다이아몬드 무역과 완성품 판매에서 독점적 지위를 차지하게 된다.

16세기에서 17세기에 걸쳐 암스테르담의 다이아몬드 상인과 다이아몬드 공장은 리스본과 암스테르담에서 인도산 다이아몬드를 구매하여 사업을 운영했다.

네덜란드 동인도회사는 인도네시아 바타비아(네덜란드 식민지 시절의 자카르타를 이르던 말)에 본사가 있었다. 그래서 네덜란드는 인도가 아닌 보르네오의 다이아몬드를 독점하려 했다. 하지만 네덜란드 정책이 바뀌어 1615년에는 인도 동쪽의 코로만델 해안의 다이아몬드 무역에 큰 관심을 두게 되었다. 고아를 기반으로 한 포르투갈 세력과 다툼이 심해졌지만, 네덜란드의 다이아몬드 구매량은 늘어만 갔다.

네덜란드는 포르투갈과 경쟁했으나, 1650년 이후 포르투갈의 다이아몬드 구매량이 많이 감소해서 네덜란드가 우위에 서게 되었다. 이후 안트베르펜을 대신해서 암스테르담이 다이아몬드 무역의 중심으로 되어 갔다.

여기에는 포르투갈에서 암스테르담으로 이주한 마라노(돼지 또는 지저분한 사람을 뜻하는 말로, 기독교로 개종한 유대인을 멸시해서 부르던 명칭)가 큰 공헌을 했다. 안트베르펜은 절삭한 다이아몬드, 암스테르담은 미가공 다이아몬드를 주로 거래하게 되었다.

아시케나지의 역할

네덜란드는 신교인 칼뱅파가 지배하는 나라이며, 그들이 속한 개혁파 교회는 가톨릭과는 적대적이었다. 하지만 네덜란드는 다른 나라와 비교해 종교적으로 훨씬 관대한 나라였다. 이것은 네덜란드가 독립을 위해 1579년 위트레흐트 동맹을 결성할 때 "누구도 종교적 이유로 박해받거나 고문당하지 않는다."라고 결정한 사실로도 알 수 있다. 이런 정신을 대표하는 곳이 암스테르담이었다. 네덜란드인의 장사 원칙인 '금지는 최소한으로, 도입은 어디서든'이 그 배경이라 할 수 있다.

암스테르담에는 다양한 출신지, 종교를 가진 상인이 이주해서 살고 있었다. 유대인도 마찬가지였다. 원래 유대인은 이베리아 반도, 특히 포르투갈에서 온 세파르딤이 많았다. 하지만 점차 동유럽계 유대인인 아시케나지가 증가했다.

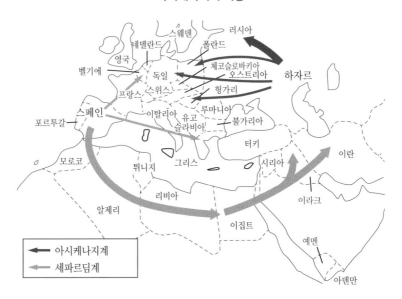

그림2-2　　　아시케나지의 이동

스웨덴
러시아
네덜란드
폴란드
영국
체코슬로바키아
벨기에
독일
오스트리아
하자르
스위스
프랑스
헝가리
루마니아
포르투갈
스페인
이탈리아
유고
불가리아
슬라비아
터키
이란
모로코
시리아
뤼니지
그리스
이라크
리비아
알제리
이집트
예멘
아덴만

　→ 아시케나지계
　→ 세파르딤계

아시케나지도 다이아몬드 거래에 종사했다. 상인은 각 집단 사이의 경쟁 관계를 잘 이해하고 있었다. 제임스 도머는 암스테르담에서 아시케나지인 루벤 레비 상회와 네트워크를 유지했다.

　암스테르담에는 원래 세파르딤이 더 많았지만, 1720년경부터는 아시케나지가 세파르딤보다 수적으로 우위에 서게 되었다. 암스테르담으로 이주한 아시케나지는 1715년에 4,300명이었고 1730년에는 13,200명으로 증가했다. 이 숫자는 세파르딤의 몇 배나 되었다고 한다. 암스테르담에서 '유대인'이라고 하면 기본적으로 아시케나지를 의미한다.

아시케나지와 세파르딤의 관계가 좋았다고 할 수는 없었다. 아시케나지가 동유럽계 이디시어를 사용한 것과 달리 세파르딤은 포르투갈어를 사용하는 경우가 많았다. 그런데 제임스 도머는 영어로 편지를 쓰고 때때로 프랑스어를 사용했다고 한다.

점차 아시케나지는 세파르딤을 대신해 암스테르담 사회에서 지위가 높아졌다. 이런 사실은 세파르딤에게 유쾌한 일은 아니었다. 아시케나지는 세파르딤보다 유대교 전통을 충실하게 지키려 했다. 그래서 두 유대인 집단의 사이는 그리 좋지 않았지만, 다이아몬드 비즈니스에서는 서로 협력하기도 했다.

4

인도와 영국

영국 다이아몬드 무역의 발전

18세기 중반까지 절삭하지 않은 다이아몬드를 공급하던 곳은 대부분 인도였다. 인도 다이아몬드는 오래전부터 지중해에 알려졌는데, 정기적으로 다이아몬드를 수출하게 된 것은 인도와 유럽 사이의 무역이 증가한 16세기부터이다. 무거운 상품과 달리 다이아몬드를 해상 루트로 수송할 이유가 크지 않았다.

이때부터 다이아몬드 제조업이 유럽에서 발전해 갔다. 처음에는 안트베르펜이 중심에 있었지만 17세기에는 암스테르담이 중심이 되었다. 암스테르담에서는 절삭과 연마 기술이 발전했다.

인도에서 산출한 다이아몬드를 유럽에서 절삭·연마해서 다시 인도로 보냈다.

포르투갈인은 유럽과 인도 간 무역의 선구자이며 최초로 해상 루트를 통해 다이아몬드를 수입한 사람들이었다. 그래서 그들의 아시아 무역 근거지였던 고아가 다이아몬드 무역의 거점이 되었다. 영국의 동인도회사가 다이아몬드를 수입할 때도 고아를 이용했다.

영국 동인도회사는 설립할 때부터 동양과 다이아몬드 무역을 하는 거점을 구축하고 싶어 했다. 당초 영국은 동남아시아에서 근거지를 찾으려 했지만, 1623년 암보이나 사건을 계기로 네덜란드 사람들이 동남아시아에서 영국인들을 추방해서 인도에서 근거지를 찾게 되었다. 영국은 1639년에 마드라스(첸나이의 전 이름)에 요새를 건설했다.

1632년에 영국의 대리인이 "네덜란드인은 인도 다이아몬드 광산 가까이에 거점을 가지기 때문에 우리가 네덜란드에 뒤처진다."라고 보고했다. 이때 영국인은 다이아몬드의 가격조차 알지 못했지만 영국 동인도회사의 이사들은 다이아몬드 무역을 포기하지 않았다.

영국 동인도회사는 1609년에 다이아몬드 사무역(회사 종업원이 회사 활동과는 별도로 개인적으로 무역하는 것)을 금지했지만, 1625년이 되자 종업원과 인도에 거주하는 임원이 다이아몬드 사무역을 하는 것을 허가했다. 1630~1660년에는 동양에서 사망한 영국 동인도회사 종업원의 유산에서 절삭하지 않은 다이아몬드를 자주 볼 수 있었다.

영국 동인도회사가 다이아몬드 무역을 사무역 상인에게 맡긴 것은 회사가 독점해서 거래할 수 있는 상품이 아니라고 판단했기 때문이다. 다이아몬드는 주로 현지 상인과 밀접한 관계를 맺고 있던 사무역 상인이 거래하던 상품이어서 회사도 이들을 통해 수입하는 것이 더 유리했다.

1664년 영국 동인도회사는 누구라도 다이아몬드 무역을 할 수 있게 결정했다. 그 대신 인도에서 보석을 수출하는 사람이 영국 동인도회사 주주라면 다이아몬드 가격의 2퍼센트, 주주가 아니라면 4퍼센트를 회사에 지급해야만 했다. 영국 동인도회사는 다이아몬드 무역은 사무역 상인에게 맡기고 거액의 수수료를 받는 쪽을 선택한 것이다. 하지만 같은 해에 영국은 다이아몬드 무역에 세금을 부과하지 않는 것으로 방향을 바꾸었다. 이것이 이후 150년간에 걸친 영국 다이아몬드 무역의 기반을 형성했다.

이런 전개와 함께 포르투갈계 유대인이 런던에 정착하기 시작했다. 보석 거래는 그들 사업에서 중요한 부분을 차지했다. 그들은 주로 네덜란드에서 건너왔으며 다이아몬드 비즈니스로 번영했다. 그들 또는 그들 부모 세대는 포르투갈의 다이아몬드 무역으로 큰 부를 이루었다. 한 예로 1662년에 영국 동인도회사의 수

라트 상업관의 관장이었던 매시 앤드루는 런던에 다이아몬드를
보내고 여러 포르투갈인 계좌에 송금하며 부를 쌓았다. 한편, 런
던으로 이주한 유대인들은 은화 · 에메랄드 · 산호를 인도로 수출
하고 인도에서 다이아몬드를 수입했다. 유대인 다이아몬드 무역
상은 포르투갈령 고아와 관계를 유지하고 있었다.

무역의 전환

인도 무역은 18세기 유대인 사업 중에서 가장 중요한 분야였
다. 영국 동인도회사가 영국과 인도 간 무역을 독점했던 것뿐만
아니라, 산호와 다이아몬드 무역도 하고 있었기 때문이다.

런던에는 네덜란드와 포르투갈에 있던 유대인 상회가 이주해
왔고, 후에는 리보르노와 독일에서도 이주해 왔다. 영국의 다이
아몬드 무역이 성장한 것은 1648년 영국 동인도회사의 이사회 의
결서에 기록되어 있다. 그로부터 11년 후, 다이아몬드 무역이 영
국으로 집중된 것은 런던에 있는 다이아몬드 상인이 이룬 공적이
다.

런던은 프랑스와 독일에 절삭하지 않은 다이아몬드를 공급했
다. 런던에서 입수할 수 있는 대량의 인도산 다이아몬드는 이 두
나라 시장에 큰 영향을 끼쳤다. 런던은 인도의 절삭하지 않은 다

이아몬드 수입을 실질적으로 독점하고 있었기 때문에 다이아몬드 무역의 중요 거점이었지만, 다이아몬드 제조는 암스테르담이 발전해 있었다.

대부분의 다이아몬드 비즈니스는 유대인의 수중에 있었다. 다이아몬드는 영국과 네덜란드 간 무역에서 주요 상품이었다. 아시아에서 런던으로 온 절삭하지 않은 다이아몬드는 절삭·연마를 위해 암스테르담으로 보내졌다. 암스테르담은 연마한 보석의 유통 거점이었다.

1732년에 가결된 의회제정법에 따라 영국에서는 다이아몬드 등 보석에 부과하는 관세를 폐지했다. 런던은 다이아몬드 무역 수요의 거점이 되었고, 인도의 절삭하지 않은 다이아몬드 수입을 거의 독점하고 있었지만, 다이아몬드 제조의 중심은 암스테르담, 그중에서도 대부분은 유대인의 수중에 있었다. 다이아몬드 비즈니스는 영국과 네덜란드 간 무역에서 주요한 구성 요소였다. 아시아(나중에는 브라질)에서 런던으로 온 다이아몬드는 절삭·연마를 위해 암스테르담으로 보내졌다.

런던은 다이아몬드 수입 거점이었을 뿐 아니라 연마된 보석의 유통 거점이기도 했다. 18세기 중반에는 외국에서 수입하는 다이아몬드의 4분의 3이 런던을 통해서 판매되었다고 한다.

런던이 급속하게 다이아몬드의 중심 시장이 된 것과 같은 과정이 인도에서도 발생했다. 포르투갈령 고아가 아닌 영국령 마드라스가 인도의 다이아몬드 광산 상품을 주로 구매할 수 있는 곳이 된 것이다.

영국 국내에서는 크롬웰이 유대인 추방령을 취소한 1655년부터 35년 후까지 런던의 유대인 상회는 이전과 같이 포르투갈의 거점인 고아에서 다이아몬드를 수입했다. 상황에 따라서는 수라트를 거치는 경우도 있었다. 그런 상황이 바뀌면서 1713년에는 영국 동인도회사의 다이아몬드 무역은 영국의 거점인 마드라스를 통하게 되었다.

1680년대에 런던의 유대인 상회 구성원 중에는 처음으로 마드라스로 이주하는 사람들이 나타났다. 영국 동인도회사가 다이아몬드 무역에서 성공하려면 유대인의 참여가 필수적이었고, 유대인 자신들도 이를 잘 알고 있었다.

1687년, 마드라스에는 영국에서 건너온 여섯 명의 유대인이 있었다. 마드라스에 유대인 상회 구성원이 거주하게 되면서 마드라스에서 다이아몬드를 수출하게 되었다. 이후 마드라스는 약 70년에 걸쳐서, 런던이 유럽에서 다이아몬드 무역에서 차지한 것과 같은 지위를 인도에서 차지했다. 인도가 수출하는 다이아몬드 대부분은 마드라스를 떠나 런던으로 향했다.

산호 무역

인도와 유럽 간 보석 무역을 보면, 인도는 유럽에 다이아몬드·가넷·루비·진주를, 유럽은 인도에 산호와 호박을 수출했다. 그중에서도 다이아몬드와 산호 교역이 가장 중요했다. 16세기 초부터 다이아몬드는 인도에서 수입한 보석 가운데 가장 중요했고, 산호 수출은 호박 수출보다 훨씬 중요했다.

서지중해는 인도에서 수요가 높은 붉은 산호를 유일하게 공급하는 곳이었다. 마르세유·리보르노·제노바·나폴리는 산호 채취 작업과 산호 산업의 중심지가 되었다. 이곳에서 채취한 산호 대부분은 인도로 보내졌고 유럽과 아프리카에 판매한 것은 아주 적은 양이었다. 인도인들은 산호를 보석으로 사용하기도 했지만, 화장(火葬) 때 사회적 지위를 상징하기 위한 용도로 쓰기도 했다.

희망봉을 거쳐 인도에 직접 가는 루트를 발견할 때까지 산호는 알렉산드리아로 보내진 다음, 아랍 상인들이 인도로 수송했다. 산호는 포르투갈의 대인도 무역에서 중요한 상품이었고, 고아는 포르투갈의 인도 무역 거점이었다. 앞서 소개한 바와 같이 영국 동인도회사의 무역 거점은 고아가 아닌 마드라스였다.

유럽에서 산호 산업의 거점이었던 마르세유와 리보르노, 그 뒤를 잇는 나폴리와 제노바에서 붉은 산호를 구해서 배를 타고 북아프리카로 향했다. 마르세유의 산호 산업은 16세기에서 17세기

그림2-3 **서방계 세파르딤이 거주하는 주요 도시**

에 걸쳐 크게 발전했고, 산호를 거래하는 거대 회사도 등장했다. 하지만 18세기 들어서는 리보르노가 산호 산업의 중심이 되었다. 마르세유에서도 산호 채취는 계속했지만, 산호 대부분은 리보르 노로 보내졌다.

영국 동인도회사가 17세기에 인도로 수출하던 주요 상품도 산 호였다. 그에 비해 호박은 전혀 없다고 해도 좋을 정도로 중요도 가 낮았다. 18세기 후반까지 유럽에서 아시아로 수출할 수 있는 상품은 거의 없었다. 이런 상황에서 산호는 유럽에서 아시아로 수출할 수 있는 몇 안 되는 상품이었다. 영국 동인도회사가 산호 수출에 열을 올릴 수밖에 없었던 이유다.

영국 동인도회사는 마르세유·리보르노·제노바·피렌체·베네치아 등 여러 지역의 회사를 통해 산호를 사들였다.

산호는 일반적으로 바다를 통해 영국으로 수송된 후, 영국에서 인도로 가는 배에 실렸다. 리보르노와 인도 사이를 오가는 배도 있었다. 영국 동인도회사는 향신료를 리보르노에 보내서 얻은 이익을 인도로 보내는 산호 무역에 투자했다.

하지만 영국 동인도회사는 산호 판매를 둘러싸고 끊임없이 곤란한 상황을 겪었다. 우선 포르투갈이나 네덜란드와의 경쟁에서 이겨야만 했다. 1640년에 포르투갈이 스페인에서 독립하자 고아로 보내는 산호가 매우 증가했고, 이것은 영국에 큰 방해가 되었다. 더욱이 수년 후에는 네덜란드도 산호를 대량으로 공급하게 되었다. 이 시대에는 홍해와 메카를 거쳐 산호를 수송하기도 했다. 이렇게 해서 공급이 수요를 크게 넘어서자 산호 가격이 하락했다.

1660년대가 되자 산호 수요가 증가해서 가격이 크게 상승했다. 이 영향으로 영국 동인도회사는 리보르노에 산호를 대량으로 발주했다. 런던에 거주하는 유대인 다이아몬드 상인은 리보르노와 인도에 강한 커넥션을 가지고 있었고 산호 무역에도 큰 관심을 보였다. 이 시대의 산호와 다이아몬드 무역은 전적으로 유대인이 맡고 있었다고 해도 될 정도였다.

1720년 이후 산호 무역은 급속히 확대되었다. 인도 다이아몬드 수입을 담당하던 사람은 여전히 유대인이 대부분이었고, 그들과 리보르노 사이의 관계 역시 강력했다. 런던과 리보르노에 거주하는 유대인들의 협조 덕분에 영국은 이탈리아와 인도 사이의 무역에서 지배적인 지위를 차지할 수 있었다. 이 유대인들은 앞서 소개한 세파르딤과 아시케나지다. 예전의 무역은 세파르딤이 주로 맡았지만, 아시케나지도 인도 무역에서 활약하게 되었다.

아시케나지의 대두 - 유대인 내부의 세력 교체

아시케나지는 세파르딤과 달리 리보르노와는 거의 관계가 없었다. 그들이 수송한 것은 동전과 보석이었는데, 주로 에메랄드와 연마한 다이아몬드, 진주와 호박 등을 실어 날랐다.

인도인 다이아몬드 상인은 일반적으로 환어음 말고 현금으로 거래하는 것을 요구했다. 보석이 신용으로 팔린다고 해도 구매자가 어음 만기일 전에 현금화해 주는 것을 기대할 수 없었으므로 당연한 일이었다.

유럽의 대리 상인들은 또 다른 어려움도 겪어야 했다. 그들은 수개월 후에 현금화되는 것을 기대하고 다이아몬드를 판매해야 했으므로 인도 상인에게 지급할 현금이 부족했고, 그로 인해 다이아몬드를 사들일 기회를 놓칠 수 있었다.

이런 상황을 더욱 악화시킨 것은 다이아몬드가 정기적으로 공급되지 않는다는 현실이었다. 공급은 광산의 산출량, 광산 지역의 치안 상태, 인도 상인의 상업 전술 등 여러 요인의 영향을 받았다. 이 때문에 인도 상인은 배가 출항하기 직전에 다이아몬드를 넘기려고 했다. 그 편이 조금이라도 다이아몬드를 비싸게 팔 수 있었기 때문이다.

암스테르담과 마찬가지로 런던에서도 다이아몬드 무역에서 아시케나지의 중요도는 증가했다. 18세기 초에는 다이아몬드 무역을 세파르딤이 전적으로 맡았다. 반면, 아시케나지는 시장에서 다이아몬드 최종 상품을 거래해서 궁정에 공급했다. 세파르딤이 국제 무역에 종사한 것과 달리 아시케나지는 판매에 전념했던 것 같다.

하지만 1740년대가 되자 상당히 많은 아시케나지가 인도와 다이아몬드 무역에 종사하게 되었다. 그중에서도 몇몇 조직은 다이아몬드의 주요 수입상으로 발전했고, 다이아몬드 제조 거점인 네덜란드와 관계가 깊었다. 반면, 산호 무역에 참여한 아시케나지는 적었다. 세파르딤과 달리 그들은 리보르노와 커넥션이 없었기 때문이다. 그 점은 아시케나지에게 큰 약점으로 작용했다.

아시케나지는 다이아몬드 구매 수단으로 모험대차(冒險貸借)라는 시스템을 발전시켰다. 이것은 선주 또는 화주가 선박이나 화물을 담보로 돈을 빌리는 방식으로, 선박이나 화물이 안전하게 목적지에 도착하면 이자를 더해서 돈을 갚지만, 항해가 무사히 끝나지 않으면 원금과 이자 모두 갚지 않아도 되는 계약으로 해상 보험 성격을 띠었다. 이 방법을 이용해서 아시케나지는 인도에서 들여오는 다이아몬드의 양을 늘려갔다. 세파르딤과 달리 아시케나지는 다이아몬드와 산호를 교환하지 않고 무역을 할 수 있었던 것이다.

1750년 무렵에는 세파르딤이 아시케나지보다 다이아몬드 무역에서 우위에 있었지만, 점차 아시케나지 세력이 강해져서 18세기 말에는 아시케나지가 다이아몬드 무역을 맡게 되었다. 18세기 중반의 런던에서는 다이아몬드를 취급하는 유대인은 세파르딤이 압도적이었지만, 50년 후에는 아시케나지가 중심이 되었고 세파르딤 세력은 쇠퇴했다.

5

포르투갈의 지배

브라질의 다이아몬드

빛나는 돌을 발견하다

근세까지의 다이아몬드 공급은 인도가 거의 독점하고 있었다. 인도에서 유럽 시장으로 공급한 다이아몬드는 감소했지만, 가격은 별로 상승하지 않았다. 한편 인도 다이아몬드는 장기간에 걸쳐 채굴했기 때문에 차츰 고갈되기 시작했다.

사치품인 다이아몬드를 사람들이 많이 사면 가격은 상승해야 했다. 하지만 유럽 사람들의 가처분소득은 여전히 낮았고 유럽에서의 수요는 적었다.

1725년에 브라질 미나스제라이스주에서 빛나는 물체가 발견되었다. 처음에는 그것이 무엇인지 몰랐지만, 리스본으로 보내 확인해 보니 다이아몬드라는 것을 알게 되었다. 1729년이 되자 포르투갈 왕실이 미나스제라이스주에서 다이아몬드를 발견한 사실을 공식적으로 인정했다. 나아가 1730년에는 포르투갈 왕실이 브라질에서 다이아몬드가 묻힌 지역을 소유한다고 선언했다. 이후 브라질에서의 다이아몬드 산출은 계속해서 증가했다.

거의 유일한 수출국으로

브라질 다이아몬드 광산은 새롭게 발굴된 곳이지만 산출 방법은 구태의연하다는 점에서 인도 광산과 비슷했다. 게다가 브라질에서는 1888년이 되어서야 노예제가 폐지되므로 다이아몬드 채굴은 흑인 노예들의 업무였다. 다이아몬드를 채굴하려면 포르투갈 정부가 발급하는 면허가 필요했지만, 비합법적인 거래가 퍼지면서 암시장 규모도 상당히 컸다. 그래서 실제로 어느 정도의 다이아몬드가 거래되었는지는 분명하지 않다.

브라질에서 합법적으로 산출한 다이아몬드의 양은 표2-1에서 보는 바와 같이 추정한다.

이 수치가 실제 상황을 그대로 반영하지 않더라도 브라질 다이아몬드 산출량은 1740~1772년이 최전성기였던 것을 추측할 수

표 2-1 브라질의 연간 다이아몬드 산출량 추계

기간	산출량 (단위: 캐럿)
1730~1740	20,000
1740~1772	52,000
1772~1806	26,800
1811~1822	12,000

있다.

그렇다면 인도의 다이아몬드 산출량과 비교해서 어느 정도 규모였을까? 네덜란드 동인도회사의 미가공 다이아몬드 수입량은 1652년에 20,000캐럿, 최고점에 달했던 1668년에 약 23,000캐럿이었으므로, 브라질은 인도보다 많은 다이아몬드를 수출했다고 추측할 수 있다.

18세기에 유럽이 브라질에서 합법적으로 수입한 미가공 다이아몬드는 네 배나 증가했다고 추정한다. 전근대 유럽의 무역 구조 실체를 파악해 봤을 때, 밀수량은 합법적 수입량과 비슷한 정도라는 것이 통설이므로, 실제 수입량은 이것의 두 배에 달했을 것으로 생각할 수 있다.

이만큼 많이 수입했기 때문에 다이아몬드 가격은 대략적으로 1캐럿당 100금프랑에서 30금프랑으로 70퍼센트 정도 떨어졌다. 그래서 일부 사람들로 한정되기는 하지만 다이아몬드를 사는 것이 예전만큼 어렵지는 않게 되었다.

1840년대가 되자 브라질의 다이아몬드 산출량이 20만 캐럿 정도에 이르렀다. 이 무렵부터 1870년대까지 브라질은 거의 유일한 다이아몬드 수출국이었다. 인도와 보르네오의 다이아몬드 산출량은 브라질의 1퍼센트에도 미치지 못했다.

거액의 밀수

1730년 2월 8일, 포르투갈은 포고를 통해 왕실이 브라질 다이아몬드 광산을 독점한다고 선언했다. 이것은 물론 다이아몬드 독점 판매를 통해 큰 이익을 기대했기 때문이다.

포르투갈 정부는 브라질 다이아몬드 광산이 퍼져가는 것을 과소평가하고 있었다. 게다가 광산이 왕실 것이라 선언했기 때문에 노예 한 명당 5천 헤알(포르투갈과 브라질의 화폐 단위. 1헤알은 31.25금 프랑)을 정부에 내면 누구라도 채굴할 수 있는 권리를 가질 수 있었는데 이를 노예세라고 불렀다. 이 액수는 금방 4천 헤알로 떨어졌다.

브라질의 다이아몬드를 해외로 수송하는 것은 포르투갈이 독점했다. 포르투갈 선박이 아니면 수송할 수 없었다. 수송하는 다이아몬드 총액의 1퍼센트에 해당하는 금액을 세금으로 징수했다.

상인 입장에서 보면 노예세가 줄었다고는 해도 여전히 부담스러운 수준이었고, 무게나 부피 등이 아니라 다이아몬드 가격을 기준으로 운송비를 책정했는데, 이 비용이 고스란히 가격에 포함되어 다이아몬드가 비싸졌다. 게다가 원격지 무역이라 정부의 눈을 쉽게 속일 수 있었던 것이 밀수가 발생하는 큰 원인으로 작용했다. 밀수는 포르투갈 정부의 커다란 수입원을 빼앗았다.

노예세와 수송 세금으로 얻는 수입은 다이아몬드 산출량에 비해 적었고, 밀수로 다이아몬드 가격이 많이 하락했기 때문에 1735년에는 민간업자의 채굴이 금지되었다. 포르투갈은 브라질 다이아몬드 광산 채굴권 전부를, 매년 임대료로 1억 3,800만 헤알을 내는 회사에게 맡겼다. 첫 회사는 암스테르담의 브레트슈나이더와 호프 상회였다. 두 회사는 6년 계약을 여섯 번 갱신해서 1771년까지 사업을 계속했다.

그들은 시장을 관리하고 가격을 안정시키기 위해 산출량을 제한하려 한 첫 유럽 회사였다. 이후에는 다이아몬드 가격 관리는 당연한 일이 되었다. 채굴권 임차사업자는 600명이 넘는 흑인 노예를 고용할 수 없었으므로 다이아몬드를 대량으로 산출할 수는 없었을 것이다. 어쩌면 이런 이유로 산출량을 제한해서 가격을 관리하기 좋았을 수도 있다.

포르투갈 왕실은 채굴회사가 내야 하는 임대료를 다이아몬드 생산 비용보다 아주 약간 낮게 설정했다. 결국 채굴회사는 매년

52,000캐럿의 다이아몬드를 산출해야만, 임대료의 두 배가 넘는 이익을 얻을 수 있다는 계산이 나온다. 이렇게 되면 민간업자가 채굴사업을 하기 어려워지고, 이는 브라질 다이아몬드 광산 채굴 사업이 근본적으로 전환되었음을 의미했다. 즉, 금과 다이아몬드 채굴을 국가가 장악하게 된 것이다. 이 일은 1777년에 시작해서 브라질이 독립을 선언한 1822년까지 이어졌다.

하지만 세금을 내지 않아도 되는 암시장 거래인들과 경쟁해야 했으므로 이들이 거둔 이익률은 별로 높지 않았을 가능성이 있다. 그래도 암스테르담의 미가공 다이아몬드 시장에서 네덜란드 동인도회사가 거두는 이익과 비교하면, 포르투갈 왕실이 훨씬 큰 이익을 얻었다. 그 이유 가운데 하나는 수송 거리가 짧았기 때문일 것이다.

하지만 국가가 생산을 독점하는 것은 비경제적이었고, 자유경제 풍조가 높아진 19세기에는 어울리지 않았다. 그래서 브라질 왕실의 페드루 1세(포르투갈의 페드루 4세와 동일 인물)는 비국영화를 선언했다.

1845년의 포고와 1848년의 법률에 따라, 다이아몬드를 채굴하려면 면허가 필요하게 되었다. 다이아몬드 채굴자는 4년을 한도로 하는 면허를 취득해야 했다.

브라질 다이아몬드 광산을 국가가 관리하는 것은 결국 실패로 끝났다. 그것은 브라질처럼 광대한 영토를 가진 나라를 모두 총괄하기에는 포르투갈 왕실의 역량이 미치지 못했기 때문이라 할 수 있다. 인도의 영국 동인도회사와 네덜란드 동인도회사처럼 커다란 특권을 가진 무역회사가 없었던 것도 이유가 될 수 있을 것이다.

가격 관리 방법

포르투갈이 다이아몬드 산출량과 가격을 관리했기 때문에 18세기 중반 다이아몬드 시장은 붕괴를 면할 수 있었다. 절삭한 다이아몬드는 대량으로 공급되었으므로, 가격이 70~80퍼센트 하락하는 일도 있었다. 다만, 미가공 다이아몬드는 절삭 다이아몬드만큼은 하락하지 않았다. 이 메커니즘을 설명하자면 다음과 같다.

18세기 초에 미가공 다이아몬드 수입은 다른 다이아몬드 비즈니스 활동과는 분리되어 있었다. 그래서 미가공 다이아몬드 가격이 심하게 변동해도 절삭된 다이아몬드 시장에는 별 영향을 미치지 않았다. 보석 상인은 미가공 다이아몬드 가격이 내려간 것을 모르고 완성된 다이아몬드를 공급한 것이다. 달리 말하면 소매상은 도매상으로부터 도매가격이 내려갔다는 정보를 듣지 못했고, 도매상은 큰 이익을 얻은 것이다. 이런 메커니즘 아래에서 다이아몬드 소매가격은 별로 내려가지 않았다고 생각할 수 있다.

다이아몬드 가격 관리는 이 시대부터 시작되었다고 할 수 있다. 그 방법은 도매상이 소매상에게 정보를 전하지 않는, 즉 정보 불균형을 이용한 관리 시스템이기도 했다.

여전히 중요한 인도와의 무역

17세기 중반부터 암스테르담과 런던이 미가공 다이아몬드 무역의 거점으로 발전했다. 한편으로 안트베르펜은 완성품 다이아몬드 무역에서는 중요성이 낮아졌지만, 미가공 다이아몬드 무역에서는 여전히 어느 정도 수준을 유지하고 있었다.

1720년 무렵의 런던은 유럽에서 미가공 다이아몬드를 공급하는 거점이 되었다. 이것은 런던이 인도에서 다이아몬드를 수입했기 때문에 가능한 일이었다. 런던이 미가공 다이아몬드 중계 무역의 거점이 되어 가던 때, 암스테르담은 다이아몬드 마감 분야에서 중요한 지위를 차지하고 있었다.

1750년 무렵까지는 인도와 영국 간 미가공 다이아몬드 무역량이 많았고, 브라질은 아직 인도를 압도하지 못했다. 인도, 브라질 양쪽의 다이아몬드가 유럽 시장에 공존했던 것이다. 18세기 후반이 되어도 고아는 여전히 미가공 다이아몬드를 수출했고, 베네치아는 다이아몬드를 마감·가공하는 도시로서 중요했다.

1750년 이후 인도에서 다이아몬드를 수송하는 나라는 네덜란드뿐 아니라 영국도 있었다. 영국에서 안트베르펜으로 이주한 제임스 도머는 런던에 있는 대리인 프란시스 맨콕을 통해 브라질에서 들어온 다이아몬드 판매 독점권을 획득하려 했다. 이를 위해 포르투갈 왕실과 커넥션이 있다고 넌지시 암시하기도 했다.

런던과 암스테르담은 여전히 미가공 다이아몬드 시장에서 지배적인 존재였지만, 안트베르펜은 다이아몬드를 절삭·가공하는 분야에서 지위를 잃어 갔다. 브라질의 다이아몬드는 18세기에는 아직 유럽 시장의 구조를 근본적으로 바꿀 만큼의 힘을 갖지 못한 상태였다.

19세기 브라질의 다이아몬드 무역

18세기에는 미가공 다이아몬드 거래를 전문으로 하는 회사가 런던·암스테르담·안트베르펜에 등장했다. 파리는 유럽 보석 상인의 중심 시장이 되었다. 다이아몬드 시장뿐 아니라, 미가공 다이아몬드 가격도 안정되었다. 이런 상황은 브라질에서 다이아몬드가 대량으로 밀수되어도 변하지 않았다.

절삭된 다이아몬드 시장은 1670년부터 안정세에 접어들었다. 최상급 1캐럿 다이아몬드 가격은 200~225금프랑까지 내려갔다.

하지만 19세기에 들어서면서 조금씩 변화의 조짐이 보이기 시작했다. 1811년에는 연간 산출량이 12,000캐럿에 달했는데도 가격은 계속 상승했다. 1858년에는 300~320금프랑, 1867년에는 529금프랑까지 뛰었다. 심지어 다이아몬드가 매장된 지역이 발견되었는데도 가격 상승은 멈추지 않았다. 이런 가격 폭등 현상 이면에는 산업혁명으로 구매력을 키웠던 부르주아 계층이 있었다. 이들이 다이아몬드에 눈을 돌리자 시장까지 뒤흔들렸던 것이다. 물론 아직까지 다이아몬드 최대 고객은 여전히 귀족들이었다.

다이아몬드는 베블런이 말한 '과시적 소비'를 대표하는 상품이다. 19세기가 되자 귀족의 경제력에 필적하는 부르주아 계층이 등장해서 자신들의 부를 과시하기 위해 다이아몬드를 구매한 것이다.

다이아몬드를 가공하는 곳은 공방 규모를 키워 점차 큰 공장으로 변했고, 증기기관을 사용해서 가공하는 사례도 있었다. 다이아몬드 가공공장이 만들어진 것은 브라질에서 대량으로 다이아몬드가 유입되었기 때문이다. 암스테르담에는 대규모 공장이 만들어졌으나, 안트베르펜은 원석 수입을 암스테르담에 의존했기 때문에 대규모 공장이 없었고 가내공업 수준에 머물렀다.

마감 가공 비용은 전체 비용의 70퍼센트나 되었기 때문에 이 비용을 낮추지 않는 한 다이아몬드 가격은 낮아지지 않았다.

다이아몬드 가격은 1850~1870년에도 상승했다. 일시적으로 암스테르담의 마감 가공량이 증가했지만 증가세가 지속되지는 않았다. 브라질에서의 산출량이 감소하고 있었기 때문이다.

1851~1856년에는 연간 196,200캐럿이었던 산출량이 다음 몇 해 동안에는 184,200캐럿까지 줄었다. 다이아몬드가 고갈되어서가 아니라 상승하는 채굴 비용을 감당하기 힘들었기 때문이다. 당시 브라질 채굴업자들은 대부분 소규모여서 노동집약적인 다이아몬드 산업에서 버티기 힘들었다. 훗날 브라질의 다이아몬드 광산을 대신하게 되는 남아프리카의 광산은 아직 발견되지 않아서 이 현상은 한동안 지속되었다.

1851년 이후 브라질의 산출량은 줄고, 절삭된 다이아몬드에 대한 수요는 증가했기 때문에 브릴리언트 커팅된 다이아몬드(58면체 또는 57면체 다이아몬드) 가격이 올라갔고 1867년에는 529금프랑까지 상승했다.

크림 전쟁(1853~1856), 인도에서 일어난 세포이 항쟁(1857~1859), 제2차 이탈리아 독립전쟁(1859) 같은 지역적인 분쟁으로 유럽 경제는 큰 혼란을 겪었다. 이것은 유럽의 다이아몬드 산업에 큰 마이너스 요인이 되었다. 미가공 다이아몬드 공급량이 줄었기 때문이다. 다이아몬드 가격은 1858년부터 1869년까지 두 배 이상 상승했다.

유럽의 다이아몬드 산업은 쇠퇴하는 것처럼 여겨졌다. 브라질에서 수입하는 다이아몬드는 감소했고, 가격은 상승했다. 이런 상황을 극복하려면 새로운 다이아몬드 공급지를 찾아야만 했다.

상인 네트워크에서 국가 관리로

세파르딤은 18세기에는 이미 신대륙에 널리 거주하고 있었지만, 이상하게도 브라질 다이아몬드 무역에서는 활약하지 못했다. 포르투갈이 다이아몬드 무역에 강력하게 개입해서 가격 관리까지 하고 있었기 때문이라 할 수 있다.

인도가 거의 유일한 다이아몬드 공급지였던 17세기에는 국가 관리에 속하지 않는 세파르딤 · 아시케나지 · 아르메니아인이 다이아몬드 생산 · 무역 · 판매에 참여했다. 다이아몬드는 아직 상인 네트워크에 의존했었고, 국가의 힘은 별로 강하지 않았다.

하지만 브라질 무역에서 이런 상황은 크게 변했다. 18세기 유럽에서는 국가의 힘이 강력해져서 시장에 개입하고 경제 성장을 기획했다. 포르투갈이 다이아몬드 산출과 무역을 관리한 것이 대표적인 사례다.

제국주의 시대가 되면서 이런 현상은 더 강하게 나타났다. 남아프리카의 다이아몬드는 영국 제국주의와 강하게 연결되어 있었다. 다이아몬드 외에도 유럽은 신대륙에서 설탕 · 커피 · 카카오 · 감자를, 아시아에서 차 · 면직물 등을 수입했다. 새로운 문물을 들여오고 누리면서 유럽의 문화는 크게 달라졌다.

　이런 상품들과 함께 유럽인의 생활수준 상승을 상징하는 것이 바로 다이아몬드 구매였다. 다이아몬드는 유럽 부르주아 계층의 구매력이 얼마나 커졌는지를 단적으로 보여 주었다. 남아프리카의 다이아몬드가 유럽으로 흘러들기 시작했을 때 그들의 부는 한 층 더 커져 있었다.

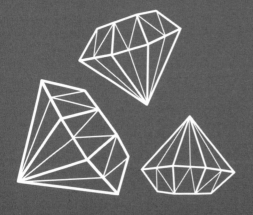

제 3 장

제국주의 시대

1

아프리카와 제국주의

　아프리카는 아시아보다 먼저 유럽에 알려졌으며 비교적 일찍부터 유럽 사람들이 이주했다. 그 대표적인 예가 네덜란드 출신 사람들을 중심으로 구성된 보어인이다. 그들은 현재 '아프리카너'라 불리며, 네덜란드 출신 외에도 프랑스 프로테스탄트와 독일계 프로테스탄트도 포함한다.

　그들은 트란스발 공화국과 오렌지 자유국을 세웠다. 두 나라는 영국과 두 번에 걸쳐 전쟁을 치렀으나 최종적으로는 패배하여 영국의 식민지가 되었다. 영국이 이 지역을 노리고 식민지로 삼은 것은 이곳에 다이아몬드와 금이 있었기 때문이다. 아무런 자원도 없는 땅이었다면 영국이 관심을 두지 않았을지도 모른다.

그림3-1

아프리카 분할

아프리카의 식민지화

모로코 사건
(1905, 1911)

알제리 출병
(1830)

마흐디 운동
(1881~1899)

파쇼다 사건
(1898)

아두와 전투
(1896)

지브롤터
알헤시라스
탕헤르
모로코(1912 보)
아가디르
리오데오로
(1884)

튀니지
(1881)

카이로

알제리
(1842)

트리폴리
리비아
(1912)

키레나이카

이집트
(1914 보)

프랑스령 서아프리카(1894)

이집트-수단
하르툼
마쇼다

에리트레아(1885)
지부티
에티오피아

나이지리아
(1886)

기니

시에라리온
몬로비아
라이베리아
골드코스트
토고

카메룬

프랑스령 콩고

콩고자유국(1885~1908)
→벨기에령 콩고(1908)

스텐리빌(키상가니의 옛 이름)

베추아날란드(현재의 보츠와나)

남서아프리카(1885)
프리토리아
킴벌리
콜스버그
케이프 식민지(1884)

케이프타운

포트엘리자베스

앙골라

로디지아
(현재의 짐바브웨)

소말릴란드
(1889)

우간다(1890)

케냐
(1885)

독일령 동아프리카(1885)

남로디지아

마다가스카르
(1896)

피터즈버그

더반

블룸폰테인

제2차 보어전쟁
(1899~1902)

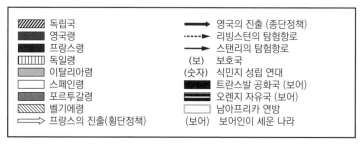

▨ 독립국	→ 영국의 진출 (종단정책)
▤ 영국령	┅► 리빙스턴의 탐험항로
▦ 프랑스령	→ 스탠리의 탐험항로
▥ 독일령	(보) 보호국
▨ 이탈리아령	(숫자) 식민지 성립 연대
□ 스페인령	▬ 트란스발 공화국 (보어)
▧ 포르투갈령	▤ 오렌지 자유국 (보어)
▨ 벨기에령	□ 남아프리카 연방
⇒ 프랑스의 진출(횡단정책)	(보어) 보어인이 세운 나라

1880년대부터 제1차 세계대전에 걸쳐 유럽의 제국주의 열강은 아프리카를 거의 전부 분할해서 식민지로 만들었다(그림3-1 참조).

19세기의 마지막 30년 동안 영국은 호사족 · 페디족 · 줄루족과 벌인 전쟁에서 승리했다. 특히 페디족과 줄루족은 남아프리카에서 강력한 부족이었다.

영국이 패권을 확대해 가면서 과거에 강력했던 아프리카의 부족 국가 국민은 예비 노동력으로 바뀌었다. 그들이 없었다면 다이아몬드 광산 개발은 불가능했다. 영국은 다이아몬드 광산을 개발하면서 원주민들을 가혹한 노동 환경 속에 두었다.

남아프리카 문제

1884~1885년에 열린 베를린 회의는 아프리카 분할에 관해 논의한 것으로 이 회의 이후 영국은 상당히 강압적으로 남아프리카에 개입했다. 그리고 독일과 포르투갈은 남은 지역에서 '평화롭게 만든다'는 명목으로 적극적으로 활동했다. 즉, 남은 지역을 정치적 및 경제적으로 지배하려 한 것이다. 킴벌리와 그 주변에서는 지역 주민을 다이아몬드 광산에서 강제적으로 일을 시키려 했다.

인도의 다이아몬드가 유럽에 대량으로 유입되고, 브라질의 다

그림3-2　　　　　　　**트란스발 공화국과 오렌지 자유국**

이아몬드도 수입된 시대에 유럽은 해외에 식민지를 가지고 있었다. 다만 아시아와 비교했을 때 아직 유럽의 군사력과 경제력이 결코 강하다고는 할 수 없었다.

　이런 상황은 19세기가 되어 크게 변했다. 유럽은 제국주의 시대로 들어가서 아프리카와 아시아 여러 나라를 정치적으로 지배해 갔다. 이것은 앞에서 본, 국경을 넘나드는 상인이 활동하던 시대와는 크게 달라진 것이다. 국가가 다이아몬드 채굴에 깊이 관여하기 시작해 상인이 아니라 국가가 다이아몬드 비즈니스의 중심이 되었다. 그 대표적인 예는 당연히 영국이다. 더 정확하게 말하자면 영국 제국주의이고, 이 제국주의 이데올로기는 다이아몬드 비즈니스와 밀접하게 연결되어 있었다.

킴벌리에서 발견

브라질의 다이아몬드 산출량이 감소하던 19세기 중반에 남아프리카 킴벌리에서 다이아몬드가 발견되었다.

1867년, 한 소년이 오렌지강 제방 옆에 있는 농장에서 작고 투명한 돌을 두 개 발견했다. 소년은 그 돌을 아버지에게 건넸고, 소년의 아버지는 그것을 이웃 주민인 판니커르크에게 보여줬다. 판니커르크는 이 돌에 큰 관심을 보이며 소년 집안으로부터 사들였다. 판니커르크는 돌을 지질학자인 가이본 아더스톤에게 보내 이 돌이 무엇인지 확인했는데, 무려 21.24캐럿짜리 다이아몬드라는 답을 들었다.

훗날, 이 다이아몬드는 유레카 다이아몬드라고 불리게 된다. '유레카'는 아르키메데스가 금의 순도를 측정하는 방법을 발견했을 때 "유레카('알았다'는 뜻)"라고 외쳤다는 이야기에서 유래한다. 이 일을 계기로 남아프리카는 다이아몬드 산출의 중심지가 된다.

킴벌리 광산(1872년)

　판니커르크는 양 500마리, 소 10마리, 말 1마리를 주고 보석을 손에 넣었다. 그는 그 보석을 11,200파운드에 팔았는데, 이 보석은 나중에 어마어마한 가격으로 뛰어올랐다. 그리고 킴벌리에는 다이아몬드가 묻혀 있다는 것이 확실해졌다.

　1870년까지 남아프리카는 단지 농업 식민지에 불과했다. 당시 남아프리카에는 25만 명의 백인이 있었다고 하는데 그 대부분은 농업에 종사했다. 특히 목축업이 중심이었고, 수출액의 70퍼센트 이상을 양털이 차지했다. 이런 산업 구조가 단숨에 변하게 된 것이다.

　다이아몬드가 발견된 킴벌리에는 거액의 부가 창출되었고,

1870~1880년대에는 많은 사람이 이 지역으로 쇄도했다. 이로 인해 경쟁 관계가 생겨났다. 대표적인 경쟁자로는 영국에서 온 세실 로즈와 바니 바나토가 유명하다.

그들은 모두 다이아몬드 광산을 경영했고, 한때는 같은 회사의 주식을 소유한 적도 있다. 최종적으로는 로즈가 승리했고, 그가 경영하는 회사는 세계 최대 규모를 자랑하게 되었다. 그 회사가 지금도 세계 다이아몬드 시장에서 큰 권력을 휘두르는 드비어스다.

1880년대가 되자 다이아몬드를 입수하기 위해서는 더 깊게 땅을 파야만 했다. 채굴에 막대한 비용이 들게 된 것이다. 중요한 광산은 대개 거대하고 깊어서 토지를 팔 기구와 물을 빨아올릴 장치가 필요했으므로 큰 비용이 들었다. 다이아몬드 관련 기업이 주식회사로 발달한 사례가 많은 이유도 거액의 자금 조달이 가능했기 때문이다.

이런 상황은 당시 유럽과 미국에서 일어난 제2차 산업혁명의 양태와 깊은 관계가 있었다. 제2차 산업혁명의 핵심은 철강업과 화학공업 같은 중화학공업이었는데, 경공업인 면직공업보다 훨씬 많은 자본이 필요한 중화학공업 분야에서는 주식회사의 출현이 불가피했다.

게다가 제1차 산업혁명에서는 그동안 제조했던 경험에 근거해서 면제품을 생산했지만, 제2차 산업혁명에서는 과학적인 방식을 도입했기 때문에 전보다 높은 수준의 교육을 받은 노동자가 필요했다. 다이아몬드 채굴 방법에도 이런 흐름이 생겨났고, 경험주의에 바탕을 둔 생산 방식에서 과학적 생산 방식으로 변화하기 시작했다.

다이아몬드러시

오렌지강에서 다이아몬드가 발견된 후부터 다이아몬드를 찾아 사람들이 몰려들기 시작했다. 1870년에 지금의 킴벌리 북서쪽에 있는 발강 자갈밭에서 다이아몬드가 묻힌 땅이 새롭게 발견되자 다시 사람들의 관심이 쏟아졌다.

1870년 12월에는 아버지 농장 근처에서 놀던 아이들이 다이아몬드를 발견했다. 그곳이 지금의 더토이스판 광산이다. 1871년 5월에는 드비어스 형제가 소유하고 있던 농장에서 다이아몬드 원석이 발견되었다. 이 광구의 다이아몬드를 캐기 위해 '드비어스러시'라고 불리는 채굴이 시작되었다.

커다란 다이아몬드 광산이 잇달아 발견되면서 많은 사람이 킴벌리를 찾아와 다이아몬드를 채굴하려 했다. 이 현상을 '다이아몬드러시'라고 부른다. 1848년에 미국 캘리포니아주에서 금이 발견되어 일어난 골드러시 현상과 비슷하다 할 수 있다.

1882년에는 다이아몬드 광산 지대인 킴벌리와 비컨스필드가 철도로 연결되었다. 그리고 남아프리카에서 최초로 도로를 비추는 전등이 설치되었다. 다이아몬드로 인해 남아프리카는 크게 변하기 시작했다.

이런 일련의 과정에서 장래 다이아몬드 시장의 모습을 결정짓는 사건이 일어났다. 드비어스 형제가 자신들의 농장을 세실 로즈라고 하는 영국인에게 겨우 6천 파운드, 오늘날로 환산하면 약 65만 달러 정도를 받고 팔아버린 것이다. 드비어스는 지금도 세계 다이아몬드 신디케이트를 좌지우지하는 회사의 이름이며, 세실 로즈가 그 창립자다.

브라질의 여섯 배나 되는 산출량

남아프리카 다이아몬드의 유입으로, 절삭된 다이아몬드 가격이 크게 하락했다. 그리고 다이아몬드 산출과 판매에서 중앙집권화 경향이 강해졌다. 중앙집권화는 가격 관리를 위해 필요했고, 18세기에 겪은 실패를 반추하는 과정에서 등장했다. 1730년대에는 브라질에서 미가공 다이아몬드 공급이 크게 늘어났지만, 유럽에서는 다이아몬드 수요가 그렇게 증가하지 않았다. 공급은 늘어났는데 수요가 감소했으니 다이아몬드 가격은 크게 하락해서 예전의 4분의 1 수준까지 떨어졌다.

18세기 전반, 절삭된 다이아몬드의 중심 시장은 암스테르담이었다. 브라질에서 들여온 미가공 다이아몬드를 암스테르담에서 절삭했다. 절삭된 다이아몬드에 대한 수요가 증가했기 때문에 다이아몬드 절삭의 중심지였던 암스테르담에도 절삭 기술자 수가 늘어났다.

다이아몬드 제조업은 가내공업에서 거대한 공장으로 변화했다. 그뿐만 아니라 연마 단계에서는 분업체제가 확립되어 갔다. 다이아몬드에 대한 수요는 브라질에서 들여오는 것만으로는 쫓아갈 수 없을 정도로 늘어났다. 이때 등장한 것이 남아프리카의 다이아몬드였다.

1872년에 이미 남아프리카의 다이아몬드 광산은 1861년 브라질 다이아몬드의 여섯 배나 되는 산출량을 자랑했다. 1887년에는 남아프리카 다이아몬드의 연간 산출량이 300만~600만 캐럿에 달했다.

미가공 다이아몬드 시장은 이런 급격한 공급 확대를 흡수할 정도로 컸고, 가격은 안정되어 있었다. 즉, 1874년까지 미가공 다이아몬드의 평균 가격은 30~37금프랑으로 안정적이었다. 이 가격은 17세기의 평균 가격과 크게 다르지 않았다.

1870년에 발발한 프로이센·프랑스 전쟁의 영향으로 다이아몬드 마감 가공이 거의 멈춰버렸다. 그해 겨울에 미가공 다이아몬드가 암스테르담에 흘러들었다. 암스테르담에는 1,100명 정도의 다이아몬드 절삭 기술자밖에 없었기 때문에, 이들의 임금은 1861년 임금의 11배까지 올라갔다.

다이아몬드 마감 가공 시장은 크게 확대되었다. 그래서 더 큰 이익을 추구하여 암스테르담 외에도 마감 가공 시장이 등장해 많은 다이아몬드 기업이 빠져나갔다. 일례로 런던에 있는 다이아몬드 절삭 기술자 대부분이 네덜란드인이었다는 점을 들 수 있다. 또 1873년에는 안트베르펜의 다이아몬드 산업이 네덜란드 암스테르담에서 들어온 절삭 기술자들로 인해 다시 번영하게 되었다.

남아프리카의 다이아몬드 산출량은 급증해서 1870~1875년에 520만 캐럿을 넘어섰지만, 가격은 내려가지 않았다. 급격한 가격 하락은 그 후에 발생했다. 아마도 19세기 마지막 불황이 1873~1876년에 발생했기 때문일 것이다.

2

세실 로즈

다이아몬드 제국의 창립자

아프리카로 건너간 이유

세실 로즈는 1852년 7월 5일에 태어났다. 프란시스 윌리엄 로
즈와 그의 후처인 루이자 피콕 사이의 다섯 번째 아들이었다. 아
버지는 아홉 명의 아들과 두 명의 딸을 둔 영국 국교회 목사였다.

세실 로즈는 학교를 졸업하고 바로 병에 걸려서 폐가 나빠졌
기 때문에 남아프리카 나탈주에 있는 형 허버트를 방문했다. 남
아프리카의 기후가 건강에 좋을 것이라 기대했기 때문일 것이다.
이때 로즈는 17세였다. 남아프리카의 기후가 그에게 잘 맞았는지
건강이 매우 좋아졌다.

로즈는 일찍부터 눈치가 빠른 사업가였다. 농장을 경영하던 형이 킴벌리의 다이아몬드 광산으로 옮겨간 뒤, 로즈는 면을 재배하고 판매해서 이익을 얻었다. 하지만 그도 면 사업에는 크게 관심을 두지 않고, 다이아몬드 사업으로 눈을 돌렸다.

1871년 10월에 로즈는 나탈주를 떠나 형이 있는 킴벌리로 이주했다. 이 땅에서 형과 함께 채굴 작업을 했고, 형을 대신해서 투자했다. 여기에서 나중에 공동으로 사업을 하게 되는 존 메리먼과 찰스 러드를 만나게 된다.

1872년, 로즈는 가벼운 심장발작을 겪었다. 건강 회복과 금 발견을 위해 형과 함께 소달구지를 타고 북부로 이동하는 김에 동부로도 갔다. 이 여행에서 로즈는 남아프리카 자체에 관심이 생겨났다.

1873년, 로즈는 파트너인 러드에게 다이아몬드 광산 경영을 맡기고 영국으로 귀국해서 옥스퍼드 대학교 오리엘 칼리지에 입학했다. 하지만 겨우 한 학기 동안만 다녔고, 다음 학기를 위해 다시 영국으로 돌아온 것은 3년 후인 1876년이었다. 그래도 그는 틀림없이 옥스퍼드 대학교 출신이라는 사실을 자랑스럽게 생각했을 것이다.

로즈의 인생철학 가운데 하나가 영국인은 세계에서 가장 위대한 민족이며, 영국인이 지배하면 전 세계가 행복해진다는 것이었다. 로즈는 궁극적으로 제국주의자였으며, 대영제국의 영광이 홀

륭하다고 믿었다. 대영제국의 확대는 사람들의 생명과 자유와 행복을 지키며 세계에 매우 중요한 일이라 생각했다. 정치적 올바름 관점에서 보면 비난을 받을 만한 사람이다.

로즈는 다음과 같이 자신의 생각을 표명했다.

"나는 우리가 세계 1등 민족이며, 우리가 사는 세계가 넓을수록 인류가 행복해진다고 생각한다. 작은 면적의 토지라도 우리 영토에 꾸준히 추가하는 것은 영국 민족의 증가에 대비하는 것이다. 이 준비가 없다면 우리 민족은 생존할 수 없으리라 믿는다. 여기에 더해서 세계의 곳곳을 우리가 지배하는 것은 온갖 전쟁의 종말을 의미한다."

이는 로즈 자신의 토지 매입과 영국의 영토 확장을 정당화하는 발언이다.

로즈의 꿈 - 3C 정책

로즈가 가졌던 가장 큰 꿈은 남아프리카에서 이집트까지 아프리카 전체를 지배하는 것이었다. 이런 비전 중 일부가 케이프타

그림3-3 　　　　　　　　　3C 정책

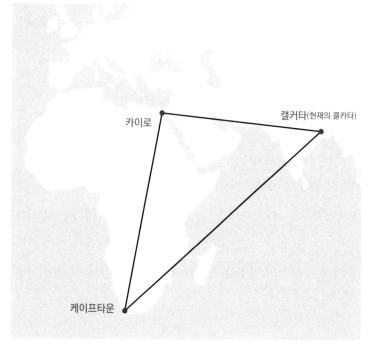

카이로

캘커타(현재의 콜카타)

케이프타운

운에서 카이로, 더 나아가 캘커타까지 이어지는 철도망을 완성하
는 것이었다. 이를 케이프타운 · 카이로 · 캘커타의 영문 머리글
자를 따서 3C 정책이라고 불렀다. 그는 대영제국의 확대야말로
자신의 사명이라고 생각했다.

　이처럼 로즈는 오늘날의 관점에서 보면 용납할 수 없을 정도로
제국주의 사상에 젖은 망상가이자 냉혹한 인물이었지만 역설적
으로 대영제국 건설에는 크게 공헌했다. 분명히 로즈에게는 놀라

운 창의력과 비전이 있었고 그의 수완과 열정은 사람들의 감탄을 자아냈다. 하지만 동시대를 산 영국인들조차 그가 식민지 사람들에게 행한 비인도적인 처사에는 미간을 찌푸렸다. 광대한 아프리카 대륙을 영국 지배하에 두려고 취한 행동에는 광포한 제국주의자의 면모가 있었다. 이런 그의 내면은 다이아몬드 산업을 지배하기 위한 그의 행동에서도 엿볼 수 있다.

로즈가 옥스퍼드로 향하기 전에 킴벌리 부근의 법률이 바뀌어서 로즈 자신이 다이아몬드 광산에서 쫓겨날 가능성도 있었다. 그는 광산을 통제할 수 있는 자본력을 가진 회사만이 살아남을 것으로 직감했다. 다이아몬드를 판매하는 회사가 많으면 가격 경쟁이 생기고 회사 이익이 감소할 것이다. 이런 상황을 회피하려면 독점이 필요하고, 독점이 가능한 회사만이 살아남는다고 생각했다.

이런 점을 파악한 로즈는 파트너인 찰스 러드와 함께 여러 광산의 합병을 계획했다. 로즈와 러드는 드비어스 형제가 소유한 광산의 채굴권을 사들였다. 여기서부터 훗날 다이아몬드 회사로 입지를 굳힌 '드비어스'가 시작됐다.

다이아몬드 산업의 성장 과정을 살펴보면 경기가 좋을 때와 나쁠 때가 있다. 로즈는 이를 회피하기 다이아몬드 산출과 유통을 지배하기 시작했다. 1874년부터 1875년에 걸쳐 다이아몬드 산업은 불황을 맞았지만, 로즈와 러드는 굴하지 않고 계속 채굴권을 사들였다. 1888년 4월에는 다이아몬드 산출을 장악하기 위해 드비어스 연합 광산 회사를 설립했다. 결국 로즈는 남아프리카 광산 최대 소유자가 되어 다이아몬드 산업을 좌지우지할 수 있게 되었다.

전 세계에 다이아몬드를 공급하는 광산 대부분을 손에 넣었기 때문에 로즈는 믿을 수 없을 정도로 부자가 되었으며, 그는 그 부를 대영제국을 위해 사용했다. 이런 점만 놓고 본다면 로즈는 애국자였다고도 할 수 있다.

1880년대 초에 아프리카 트란스발 지역에서 금이 발견되었고, 트란스발의 비트바테르스란트에서는 골드러시가 일어났다. 로즈는 러드의 조언대로 비트바테르스란트보다 북쪽 지역(지금의 짐바브웨와 잠비아)에서 금을 채굴하려 했다. 킴벌리의 자본가들은 서둘러 트란스발로 와서 있는 대로 채굴권을 주장했다. 1880년에 세실 로즈는 형 프랭크와 함께 남아프리카에서 금광을 획득했지만 별로 이익을 얻지 못해서 더 북쪽에 있는 금광을 채굴하려고 했다.

1877년에 그리콸랜드 웨스트(남아프리카 중부)가 케이프 식민지에 편입되자 이 지역은 케이프 식민지 의회에서 여섯 의석을 획득했다. 로즈는 보어인 유권자가 압도적으로 많았던 바클리웨스트 선거구에 입후보해서 젊은 나이로 의원이 되었다.

로즈가 의원이 된 당시 케이프 식민지 의회의 주요 관심사는 예전에 영국 보호국이었던 바수톨란드(레소토의 옛 이름)였다. 바수톨란드는 영국의 정치가이자 케이프 식민지 수상이었던 존 고든 스프리그가 제1차 보어전쟁에서 상실한 지역이었으며, 그곳을 회복하는 것은 매우 중요한 과제였기 때문이다. 영국은 1884년에 이르러서야 겨우 이 지역을 직할 식민지로 만들 수 있었다.

남아프리카 정복

1888년, 대영제국 확대를 꿈꾼 로즈는 지금의 잠비아에 해당하는 마타벨렐란드와 마쇼날란드로 눈을 돌렸다(두 지역은 나중에 로디지아라는 이름으로 통합된다). 마타벨렐란드의 로벤굴라 국왕은 이미 영국에 광산 채굴권을 인정했지만, 영국이 내정에 간섭하는 것은 허용하지 않는다고 거듭 주장했다.

1887년에 로벤굴라 국왕이 트란스발 정부와 맺은 조약을 계기로 로즈는 북쪽으로 눈을 돌렸다. 이 무렵에는 아프리카 분할이 진행 중이었으며, 독일 · 프랑스 · 포르투갈이 마타벨렐란드를 손에 넣으려 했다.

당시 영국 정부는 남아프리카에서 확대 정책을 반대했지만, 로즈는 다른 유럽 국가에 마타벨렐란드를 뺏길지도 모른다고 영국 정부를 설득했다. 1888년, 로벤굴라 국왕과 영국 정부 사이에 모펏 조약이 체결되었고, 영국과 합의 없이는 유럽의 다른 나라들이 마타벨렐란드를 할양받을 수 없다고 정해졌다.

로즈는 네덜란드와 독일이 마타벨렐란드를 손에 넣을까 두려워했고, 이 지역에서 배타적 채굴권을 얻기 위해 자신의 정책을 영토 관리와 관련지었다. 그는 비즈니스 파트너였던 러드와 협력해서 남부 아프리카 지역의 무역을 목적으로 하는 국책회사인 영국 남아프리카회사(BSAC)를 설립했다.

러드는 로벤굴라 국왕에게 영국 남아프리카회사에 배타적 채굴권을 인정하는 계약에 사인할 것을 요구했다. 같은 목적을 가진 영국인은 많았지만, 로즈의 영향력을 이용한 러드는 영국인 지방 관리로부터 지원을 얻었고, 로벤굴라 국왕의 양도를 받아냈다. 이것을 '러드의 양도'라고 한다.

러드의 양도는 영국 정부로부터 비판받았다. 하지만 이것을 이용해서 로즈는 왕실의 인가장을 손에 넣었고, 영국 남아프리카회사에 대한 영국 왕실의 지지를 끌어냈다. 이를 통해 로즈는 마타벨렐란드에서 영국의 이익을 대변해 행동할 수 있었다. 이 회사는 경찰대를 창설했고, 군대 깃발을 휘날리며 도로와 철도 및 전신 시설을 만들었다. 또 광산 경영에 참여해서 획득한 영토에 정착하고 금융기관을 설립했다.

로즈는 토지를 보호한다는 그럴듯한 명분을 내세워 원주민이 없는 마타벨렐란드와 마쇼날란드 일부 지역을 관리할 수 있는 권리를 영국 남아프리카회사가 가져야 한다고 주장했다. 결국 영국 정부는 해당 사항을 인정하는 인가장을 1889년 10월 29일에 발행했다. 국왕의 인가장을 손에 쥔 로즈는 영국 남아프리카회사를 대영제국을 확대하는 수단으로 삼았다.

인가장을 얻은 로즈와 영국 남아프리카회사 동료들은 마타벨렐란드와 마쇼날란드가 자신들의 손에 있다고 생각했다. 해당 지역을 지배하기 위해 로즈는 프랭크 존슨과 모리스 히니를 용병으로 고용했고, 로벤굴라 국왕의 적을 돕기 위해 왕의 거처를 공격했다. 결국 로벤굴라 국왕은 항복했고 로즈는 마타벨렐란드와 마쇼날란드에 들어갈 수 있었다.

1890년, 로즈는 다시 새로운 계획을 세워 마쇼날란드에 '파이어니어 칼럼'이라는 문서를 보냈는데, 이 문서에는 광산 후보지 192곳 정도가 실려 있었다. 이후 백인들의 짐바브웨 지배가 시작되어 이 땅은 영국령으로 바뀌었다.

1893년에 로벤굴라 국왕은 영국 남아프리카회사와 충돌했다가 패배했다. 최신 무기로 무장한 로즈의 용병대를 상대로 했기 때문에 어찌 보면 당연한 결과였다고도 할 수 있다. 결국 국왕은 영국을 이겨낼 수 없다고 체념하고 수도에 불을 지르고 도망쳤다가 1894년 병으로 죽었다고 한다.

정치가 세실 로즈

1890년 7월, 로즈는 케이프 식민지 정부의 수상이 되었다. 그전부터 로즈는 영어를 사용하는 유색인과 네덜란드계 남아프리카 출신 백인에게 영국 남아프리카회사의 주식을 나눠줬기 때문에 그들의 지지를 받고 있었다.

1894년 7월 27일, 로즈는 100분 넘게 연설을 했다. 로즈는 이 연설에서 2년에 걸쳐 노력해 온 '네이티브 법안'에 관해 논의를 시작했다. 연설에서 로즈는 법안의 주요 목적이 '더 많은 아프리카인을 임금 노동자 시장으로 보내는 것'이라고 몇 번이나 역설했다. 그들을 노동력으로 사용하면 킴벌리와 트란스발에서 광산 채굴에 도움이 될 것으로 판단했기 때문이다.

또한, 로즈는 공동체가 아닌 개인을 기반으로 하는 토지제도에 관한 글렌 그레이 법에 관해서도 연설했다. 이 법은 아프리카인이 노동시장에 참가할 때 토지에 관한 권리를 취득하지 못하게 하는 것이라 주장했다. 글렌 그레이 법은 토지 획득 규제를 목적으로 한 1913년의 원주민 토지법의 기반이 되었을 뿐만 아니라, 아프리카인의 참정권을 제한하고 노동세를 신설했다.

세실 로즈가 이렇게 한 것은 영국의 지배 아래에서 남아프리카 연방을 형성하기 위해서였다. 명백하게 흑인을 정치에서 배제하려 했으며, 이는 나중에 아파르트헤이트의 기반을 형성했다. 한편, 토지는 가장(家長) 소유라고 정했기 때문에 토지 분배에 의지할 수 없게 된 남자들은 돈을 벌기 위해 나가야만 했다. 이를 게을리하면 14실링의 노동세를 내야 했다.

권력의 최고조에 도달한 1895년, 로즈는 틀림없는 남아프리카의 지배자였으며, 전 세계 다이아몬드 대부분을 손에 쥐었다고 해도 좋았다. 하지만 절정기는 갑자기 끝나버렸다. 옛 친구인 리앤더 제임슨이 트란스발 침공을 꾸몄는데 무모하게 이를 지원하는 잘못을 범했기 때문이다. 로즈는 트란스발 공화국 정부를 전복하려고 트란스발 공화국에 거주하는 영국인들에게 몰래 무기와 탄약을 보내 반란을 일으키게 했고, 이들을 지원한다는 구실로 회사 군대를 파견하여 트란스발 공화국을 합병하려 했다. 하지만 제임슨은 실패했고, 로즈는 1896년 1월 케이프 식민지 수상 자리와 영국 남아프리카회사 사장 자리에서 물러나야 했다.

이후 로즈는 건강이 나빠졌지만, 여전히 정력적이었고 로디지아에 여러 기반 시설을 놓았다. 특히 철도망 확대에 열을 올렸는데, 그는 이 철로가 이집트 카이로까지 이어지는 것을 꿈꾸었다.

1899년에 제2차 보어전쟁이 발발하자 로즈는 서둘러 킴벌리로 가서 방어하려 했지만, 포위된 상태에서 건강 상태가 나빠졌다. 그래서 일단 유럽으로 돌아갔다가 1902년 2월에 다시 케이프타운으로 돌아왔고 다음 달인 3월 26일에 사망했다.

세실 로즈가 없었다면 영국이 남아프리카에서 차지한 영토는 훨씬 작았을 것이다. 물론 영국 제국주의를 이용해서 로즈가 다이아몬드 생산과 판매를 독점하다시피 한 것도 사실이다. 로즈에게 대영제국의 확대와 다이아몬드 독점 중 어느 것이 더 중요했는지는 분명하지 않다.

3

다이아몬드
신디케이트의 형성

산출과 유통을 독점

지금도 영향력이 큰 다이아몬드 판매 회사인 드비어스의 큰 특
징은 다이아몬드 산출과 유통을 함께 장악해서 손쉽게 가격 관리
를 했다는 점이다.

일반적으로 물품 생산과 유통에 모두 종사하는 기업은 흔치 않
다. 그러므로 기업이 가격을 통제하는 것은 사실상 어렵다. 그 예
외가 드비어스다. 여기서는 어떻게 그런 일을 시작했는지를 살펴
보자.

주식회사 드비어스의 탄생

남아프리카에서는 다이아몬드 광산 채굴권을 분산해서 소유했기 때문에 효율적으로 채굴하기가 매우 힘든 상태였다. 1877년에 제정된 광산에 관한 법규는 이런 분산 방식을 없애고 주식회사 탄생을 가능하게 했다. 즉, 거액의 자본을 가진 사람이 채굴권을 독점할 수 있게 된 것이다.

그리고 예전에는 개인적이었던 파트너와 채권자 간 관계가 체계적인 주식회사 시스템 아래에서는 희미해져 직접 접점을 가지는 일은 없어졌다.

주식은 당연히 매매할 수 있다. 이 말은 더 많은 자본을 가진 사람은 더 많은 주식을 살 수 있다는 뜻이다. 이런 독점 방식을 철저히 이용한 전형적인 인물이 바로 세실 로즈였다.

로즈는 형의 조언에 따라 1873년에 킴벌리로 이동해서 같은 해에 드비어스 형제가 가진 땅의 채굴권 4분의 1을 획득했다. 파트너인 러드도 드비어스 형제 땅의 채굴권 4분의 1을 가지고 있었다. 러드와의 파트너십은 큰 성공을 거두었다. 여기에 몇 명을 추가해서 드비어스 광산 회사를 1881년에 설립했다. 최초 출자액 20만 파운드인 주식회사였다.

로즈의 리더십 아래 드비어스호가 출범했고, 1889년에는 세계 다이아몬드 산출의 90퍼센트를 지배하기에 이른다. 그는 주식회사가 대두하는 새로운 시대의 기업가였다. 로즈의 주요 목적은 미가공 다이아몬드 공급을 관리해서 산출 관리를 중앙집권화하고, 이를 통해 다이아몬드를 시장경제에 적합하게 공급하는 것이었다.

로즈는 수요 변동에 따라 가격이 영향을 받는다는 점에 주목했다. 즉, 수요가 크게 줄면 시장이 공황에 빠질 위험이 있다는 점을 간파했다. 따라서 수요에 맞춰 공급량을 적절히 조절할 필요가 있다는 것을 깨달았다.

예를 들어, 미가공 다이아몬드 공급을 독점하면 공급량을 조절할 수 있고, 수요가 변동하더라도 다이아몬드 가격을 유지할 수 있다고 생각했다. 또 실제로 그렇게 해서 큰 이익을 거두려고 했다.

다이아몬드는 비싸니까 사는 상품이라는 점을 로즈는 잘 알고 있었다. 그래서 높은 가격을 유지하는 것이 어렵지는 않았다. 사람들이 다이아몬드에 보인 구매 욕구는 이 상품이 비싸다는 이유로 유지된 측면도 있다.

훨씬 훗날에서야 실현되기는 하지만, 주식회사는 원래 소유와 경영의 분리를 전제로 한다. 즉, 주주는 지분을 나눠 회사를 소유하고, 경영은 경영자에게 맡기는 것이다. 하지만 한편으로는 주식 대부분을 소유한 경영자는 자신 마음대로 회사를 움직일 수 있고, 대규모 자본을 이용해서 시장 가격 결정력을 가질 수도 있다.

로즈는 그런 경영자가 되려고 했다. 그의 활동은 영국 제국주의와 표리일체였을 뿐만 아니라 국가에도 큰 이익을 주었다. 하지만 드비어스를 창립한 직후의 로즈는 아직 다이아몬드 산출량을 관리할 정도의 힘을 가지고 있지는 못했다.

1880년 무렵 중요한 매장 지역에는 많은 주식회사가 있었다. 그 회사들을 차례차례 합병해서 마침내 드비어스 한곳으로 통합했다. 1881년에 20만 파운드였던 출자액은 1887년에는 250만 파운드가 되었다. 로즈는 마침내 다이아몬드 가격을 조정할 힘을 손에 쥐었다.

이때 큰 변수로 작용했던 것이 로스차일드가의 지원을 받은 일이다. 로스차일드는 유대계로 국제적인 금융 자본가였다. 프랑스 케이프 다이아몬드 회사(프랑스 회사)와 드비어스 광산 회사가 합병할 때 로스차일드 은행으로부터 1만 파운드를 융자받았다. 다이아몬드 비즈니스에서도 유대인 네트워크가 미치는 영향력을 알 수 있다. 충분한 자금을 얻은 로즈가 싸워야 할 상대는 이제 바니 바나토였다.

세실 로즈의 라이벌 - 바니 바나토

바니 바나토는 세실 로즈가 경쟁자로 생각한 유일한 인물로 런던의 빈민가 이스트엔드에서 태어난 유대인이다. 14세에 학교를 그만두고 펍에서 경호원으로 일하는가 하면, 뮤직홀 무대에 서기도 하는 등 색다른 경력을 지닌 독특한 인물이다.

바나토는 다이아몬드 발견에 자극을 받은 아버지를 따라 남아프리카로 이주했다. 그가 처음 다이아몬드 광산에 도착했을 때 가지고 있던 것은 노동자들에게 팔려고 한 담배 케이스뿐이었지만 점차 다이아몬드 바이어로 경력을 쌓았다. 마침내 킴벌리 광산 중심지 채굴권을 사들였고, 바나토 다이아몬드 광산 회사를 창립했다. 그도 역시 세실 로즈와 마찬가지로 잇달아 채굴권을 사들였다. 1885년이 되자 바나토는 다른 광산 회사와 합병해서 사업을 확대했다. 바나토는 실적이 좋았기 때문에 로즈 회사와 합병하는 것은 전혀 생각하고 있지 않았다.

로즈는 다이아몬드 가격 결정 능력을 유지하려면 다이아몬드 광산과 판매를 독점해야 한다고 생각했다. 바나토도 아마 비슷한 생각을 했을 것이다. 따라서 두 사람이 충돌하는 것은 시간문제였다. 프랑스 로스차일드 은행은 로즈 편을 들었고 거액의 자금을 제공했다.

1887년, 로즈는 바나토가 지배하던 킴벌리 중앙 다이아몬드 광산 회사 합병을 시도했다. 두 사람의 주식 사들이기 경쟁은 이듬해 로즈의 승리로 끝났다. 결국 바나토는 자사와 로즈 회사의 합병에 동의하고 말았다.

1888년 3월, 드비어스 연합 광산은 킴벌리 중앙 광산과 정식으로 합병했고, 킴벌리의 광산 4분의 3을 지배하는 새로운 드비어스가 탄생했다. 드비어스는 블룸폰테인 광산(오렌지 자유국)과 더 토이스판 광산(킴벌리) 지배에도 관심을 보였다. 세실 로즈와 바니 바나토는 최초로 종신 임원이 되었다.

하지만 킴벌리 중앙 광산 회사의 주주들은 로즈 회사에 매각되는 것을 반대하며 소송을 일으켰다. 재판관은 바나토가 킴벌리 중앙 광산 회사의 임의 청산에 동의한다면 드비어스가 그 자산을 사들일 거라는 중재안을 냈다. 이에 부합하듯 로즈는 킴벌리 중앙 광산 회사에 5,338,690파운드짜리 수표를 내밀었다. 당시 수표로서는 최고액이었다. 이 수표 한 장으로 세실 로즈는 명실상부하게 세계 다이아몬드의 지배자로 등극했다.

이 청산으로 바나토는 부유해졌지만 다이아몬드 비즈니스의 지배자가 되지는 못했다. 바나토는 1889~1897년에 케이프 식민지 의회 의원이 되었으니 정치가로도 성공했다고 할 수 있다. 하지만 1897년 6월 런던으로 돌아가는 배에서 투신했다. 가족들은 자살이 아니라고 주장했지만 진실은 그가 몸을 던진 물속으로 사라졌다.

시장에 맞춰 공급하는 생산관리

1890년대부터 현재까지 드비어스의 다이아몬드 정책은 지극히 단순하다. 그리고 기본적인 생산과 시장 정책의 바탕에는 예외 없이 로즈의 생각이 깔려 있다. 가장 중요한 것은 미가공 다이아몬드 공급량을 변화하는 시장에 맞춘다는 것이다. 단순하게 말해 공급량이 지나치게 많아져서 다이아몬드 가격이 하락하면 공급량을 줄이면 된다. 이것은 드비어스가 다이아몬드 시장을 독점하고 있었기 때문에 가능했던 정책이었다.

이 정책을 단적으로 보여 주는 것이 제2차 보어전쟁 때 드비어스가 펼친 산출량 관리 정책이다. 드비어스는 1898년에 3,622,000 캐럿이던 산출량을 1900년에는 2,113,000캐럿으로 줄였다. 이 사이에 다이아몬드 가격은 1.45배나 상승했다.

그런데 1901년에는 산출량을 3,059,000캐럿으로 올렸는데도 가격이 떨어지지 않고 상승했다. 보어전쟁으로 다이아몬드를 사지 못한 사람들의 수요가 급증했기 때문이다. 이 수요가 끝나자 1902년에는 산출량을 다시 2,556,000캐럿으로 줄여 가격이 오르도록 조절했다. 상황에 따라 다른 전략을 편 드비어스의 산출량 관리 정책의 승리였다.

미가공 다이아몬드의 수요가 절정에 달한 것은 1906년 후반이다. 남아프리카의 다이아몬드 산출량은 5,308,000캐럿에 달했다.

한편 드비어스가 취급하는 다이아몬드는 전 세계 산출액의 40퍼센트밖에 차지하지 못했다. 1902년에 세실 로즈가 죽은 뒤에 드비어스가 다이아몬드 채굴권 매입을 소홀히 했기 때문일 것이다.

당시 다이아몬드 비즈니스 세계에서 드비어스의 주요 경쟁자는 트란스발의 프리미어 광산 회사와 독일 남아프리카회사였다. 1908년에는 남서아프리카(현재 나미비아)에서 다이아몬드가 발견되었고 그 산출량은 1909년에 495,536캐럿, 1910년에는 891,307캐럿이었다. 산출량이 증가하자 당연히 다이아몬드 가격이 하락했다. 드비어스는 이런 사태를 피하기 위해 산출량을 약 3분의 1로 줄였다.

드비어스는 프리미어 광산 회사와도 교섭해 그들의 산출량도 줄일 것을 제안했고, 프리미어 역시 드비어스의 제안을 받아들여 산출량을 줄였다.

독일 남아프리카회사의 다이아몬드는 드비어스 그룹(드비어스를 중심으로 하는 기업 집단)의 다이아몬드보다 비쌌기 때문에 시장 변동에 좌우되기 쉬웠다.

독일 남아프리카회사의 이익과 손해는 독일 제국과 깊은 관계에 있었으므로, 영국 제국주의를 대변하는 드비어스 그룹과는 이해관계가 전혀 일치하지 않았다. 하지만 1914년 3월에 개최된 다이아몬드 생산회사 회의에서 서로 협력하기로 한 이후에는 회사의 생산량을 합의해 결정했다. 이것이 최초의 다이아몬드 카르텔

협정이 되었다.

가격 결정권을 가지기 위해

다이아몬드 시장에서 가격 결정권을 가지려면 중앙집권적인 생산관리 시스템을 발전시킬 필요가 있었다. 즉, 산출과 유통을 지배해야만 하는데, 기본적으로 다음 두 가지 방식이 있다.

우선 산출량 제한이다. 드비어스 그룹은 산출량을 제한하여 다이아몬드 시장 가격을 조정할 수 있다는 사실을 잘 알고 있었다. 따라서 다른 회사가 시장에 들어오면 자신들의 산출량을 줄여서 손쉽게 상대 기업의 생산과 마케팅 기반을 파괴할 수 있었다.

두 번째로 카르텔을 형성해 미가공 다이아몬드 시장을 독점했다. 이 지위를 이용해 수요에 맞춰 산출을 조정할 수 있었다.

1889년에 다이아몬드 풀 위원회(Diamond Pool Committee)가 창설되었다. 그 역할은 판매용 미가공 다이아몬드를 분류해서 가격을 결정하고 바이어가 제시한 조건을 확인하는 것이다. 이 위원회는 드비어스 그룹의 판매처로서 중심적인 역할을 했다.

1890년대에 드비어스는 자신들의 그룹이 출하하는 미가공 다이아몬드 판매권을 몇몇 다이아몬드 무역회사에 맡겼다. 이것이 드비어스 그룹의 다이아몬드 신디케이트의 시작이다.

신디케이트 구성원이 명확하게 정해진 것은 1914년이며, 드비어스 연합 광산 회사, 프리미어(트란스발) 광산 회사, 신(新)야헤르스폰테인 광산개발 회사, 서남아프리카 합동 다이아몬드 광산 회사가 신디케이트를 형성한 네 회사였다. 법률적 및 경제적으로 독립된 다이아몬드 산출 회사가 신디케이트를 형성하고 협력한 것이다. 이때부터 드비어스의 카르텔과 신디케이트가 분명한 형태로 만들어졌다.

판매 경로를 하나로 통일

다이아몬드 판매 루트는 옛날부터 한정적이었다. 인도와의 무역에서 활약한 것은 베네치아인 · 포르투갈인 · 영국인 · 네덜란드인이었고, 브라질과의 무역에서는 포르투갈인과 영국인이 깊이 관여했다. 남아프리카에서는 영국이 가장 큰 영향력을 발휘했지만, 이제 드비어스라고 하는 회사가 산출과 유통을 독점해서 다이아몬드 가격 결정권을 쥐게 된 것이 지금까지와는 다른 특징이 되었다. 다수의 경쟁 상대가 아니라 독점적인 기업이 시장을 지배할 수 있게 자본주의가 변화해 간 것을 보여주는 사례일 것이다. 이런 현상은 한 나라의 산업에만 해당하는 것이 아니라, 국제적인 다이아몬드 비즈니스에도 해당하는 것이다.

세계 다이아몬드 시장의 판매 경로를 하나로 통일한다는 방침
은 로즈가 생각한 것이며, 산출 관리와 함께 지금까지 드비어스
에서 선보인 다이아몬드 전략에서 중요한 지점을 차지한다.

다이아몬드는 1908년 불황기를 기점으로 제1차 세계대전을 거
치며 수요가 증가했다가 1919년에는 가격이 저점 대비 약 7.5배
가 되었다.

제1차 세계대전이 발발한 1914년에 미국에서 다이아몬드 수요
가 증가했다. 런던에 있는 드비어스 신디케이트 대리인은 이 틈
을 타 가격을 30~40퍼센트 올리는 데 성공한다. 이후 대리인은
다양한 방법으로 가격을 관리할 수 있었고, 드비어스 가격 관리
는 점점 힘을 가지게 되었다. 신디케이트 대리인은 다이아몬드
품질 조정까지도 하였다.

산출량을 관리하는 생산 정책을 보완한 것이 신디케이트 판매
전략이었다. 미가공 다이아몬드 평균 가격은 중앙집권적인 산출
관리로 인해 상승하는 흐름이었다. 미국을 보면 1914년 수입액이
1,500만 파운드, 1916년에는 3,570만 파운드로 전쟁 중임에도 불
구하고 상당히 증가했다. 이것은 아마 드비어스 그룹 판매망이
발전했기 때문일 것이다. 다만, 1918년에는 2,120만 파운드까지
내려간다.

제1차 세계대전 동안 세계 최대 다이아몬드 시장은 미국이었다.
미국에 다이아몬드를 공급할 수 있었던 것은 드비어스뿐이었다.

남아프리카 광산 노동자

전쟁 중에도 드비어스의 판매망은 충분히 제 역할을 한 것이다.

광산에서 일하는 노동자들

세실 로즈가 드비어스를 독점적인 다이아몬드 공급 회사로 키우기 전부터 크고 작은 여러 킴벌리 광산 회사는 땅속 깊은 곳에 있는 다이아몬드를 캐내야 하는 어려움에 직면하고 있었다. 경제적 효율을 위해서는 캐내기 쉽고 매장량이 더 풍부한 광산을 선택하는 것이 당연했다.

하지만 현실은 그렇지 않아서, 다이아몬드를 캐려면 점점 땅속 깊은 곳까지 파고 들어가야만 했다. 채굴권을 가진 사람들은 더 비싼 임금을 지급하고 더 많은 노동자를 고용하는 대신 작업을 기계화하는 방식을 선택했다. 이런 경쟁은 더욱 격화되어 소수의 작업원이 하는 육체노동에서 기계를 사용하는 작업으로 변화했다. 남아 있는 노동자는 백인에서 흑인으로 바뀌었고, 흑인은 점점 더 땅속 깊은 곳에서 작업해야 했다.

1880년대에 채굴권이 통합되면서 광산은 대규모로 커져 1882년에 이르면 더 깊은 곳까지 파고 들어가 광물을 캐내게 되었다. 모든 것이 이익, 그리고 또 이익을 위해서였다.

두말할 필요 없이 지하는 노동 환경이 열악하고 사고가 날 확률이 높다. 기본적으로 흑인들로 이루어져 있던 아프리카 광산 노동자 집단은 그런 위험을 견뎌야만 했다. 결핵을 앓는 사람도 많았고, 일찍 죽는 경우도 흔했다. 낙반 사고를 당하기도 했다. 아프리카의 광산 노동자는 지독한 취급을 당했다.

이런 사실을 알면서도 아프리카 사람들은 일자리를 찾아서 킴벌리로 왔다. 애초에 흑인은 차별을 받아서 제대로 된 일자리를 가질 수 없었기 때문에 다이아몬드 광산에서 일하는 흑인 노동자는 줄어들지 않았다. 그들에게 다이아몬드 광산은 확실하게 돈을 벌 수 있는 몇 안 되는 장소였다.

다이아몬드 광산 합병이 진행되자 흑인 노동자가 일할 수 있는 회사도 줄어들었다. 그들은 점점 불리한 노동 조건을 받아들여만 했다. 굶어 죽는 것보다는 낫다고 생각해서 내린 슬픈 선택이었다.

4

세계대전 동안의
다이아몬드 시장

에르네스트 오펜하이머 등장

　세실 로즈가 죽은 뒤로는 드비어스 그룹에 카리스마를 지닌 지도자가 나타나지 않았다. 이를 깬 것이 1929년 사장에 취임한 에르네스트 오펜하이머다. 그는 세실 로즈 못지않은 유능한 리더였다. 그가 없었다면 드비어스 그룹의 운명은 크게 달라졌을 것이다.

　오펜하이머는 1880년 5월 23일 독일 프리트베르크에서 태어났고, 나중에 남아프리카공화국으로 귀화한다.

　담배 장사를 하는 에두아르트 오펜하이머의 아들로 태어난 그는 15세 때 런던의 다이아몬드 중개 회사에 입사했다. 아주 유능했으며 수완을 인정받아서 남아프리카로 가게 됐고 킴벌리에서 바이어로 일했다.

오펜하이머는 영국에서 기사 작위를 받은 인물의 딸과 1906년에 결혼했다. 1908년에 킴벌리시 참사회원에 뽑혔으며, 1912년에는 시장에 취임했다. 제1차 세계대전 중에는 철도망 형성에 이바지하였고, 전쟁이 끝난 후 1921년에 영국 정부로부터 작위를 받았다.

1924년부터 1938년까지 오펜하이머는 킴벌리 의원으로 활동했다. 인종 문제에 관해서는 논의하지 않았고, 관심은 오로지 경제와 금융에 두었다. 하지만 한편으로는 흑인 광산 노동자에게 제대로 된 주거를 제공하자고 발언한 최초의 인물이기도 했다.

흑인 광산 노동자의 노동 조건은 신대륙에서 사탕수수 재배에 종사하던 흑인과 마찬가지로 비참했다. 그들은 최소한의 주거 공간도 받지 못한 채 열악한 환경에서 살았으며, 거주 지역은 담으로 둘러싸여 바깥세상과는 차단되어 있었다.

1910년, 오펜하이머는 독일 식민지인 남서아프리카(나미비아의 옛 이름)에 다이아몬드 광산이 있을 가능성이 크다는 것을 알아차렸다. 그는 한 미국인 기술자와 친분을 쌓았다. 이 기술자는 광산 두 개를 가지고 있었으며, 같은 지역에 또 다른 금광이 있다고 믿고 있었다. 오펜하이머는 1917년에 남아프리카의 금을 취급하는 남아프리카 앵글로 아메리칸 회사(AAC, Anglo American Corporation of South Africa)를 존 피어폰트 모건과 공동으로 설립했다. 훗날 앵글로 아메리칸 회사는 드비어스의 모기업이 된다.

1888년부터 세실 로즈는 드비어스 연합 광산 회사와 런던 다이아몬드 신디케이트를 통해 다이아몬드 시장을 조종하고 있었다. 로즈(나중에는 오펜하이머)는 내부자 정보를 이용해서 다이아몬드 공급을 인위적으로 조종하여 수요와 공급을 완전히 일치시킬 수 있었다. 그 대신 다이아몬드를 취급하는 업자들은 로즈가 조종하는 광산으로부터 일정한 양의 다이아몬드 공급을 보장받았다.

제1차 세계대전이 끝나자 다이아몬드 산업은 수요를 넘어서게 되었고, 가격은 급락하여 킴벌리 광산은 폐쇄되었다. 오펜하이머는 최종적으로 다이아몬드 가격을 조종하는 카르텔을 만들기 위해 큰 역할을 하였다. 로즈가 형성했던 모델을 참고하여 중앙판매기구(CSO)를 설립하고, 주요 판매업자와 생산업자를 드비어스 신디케이트에 편입시켰다.

1926년, 오펜하이머는 드비어스 임원이 되었다. 다음 해인 1927년 남아프리카 연방의 나마콸랜드에서 다이아몬드가 발견되자 남아프리카 정부는 그에게 다이아몬드 사업 문제를 상담하기에 이르렀다. 오펜하이머는 순식간에 다이아몬드 비즈니스의 지도자가 되었고, 1929년에는 드비어스의 사장으로 취임했다.

불황으로 다이아몬드 공급이 바이어의 수요보다 많아지자 오펜하이머는 시련을 맞았다. 그는 드비어스의 많은 광산을 폐쇄해야 했고, 중앙판매기구 구성원과도 매매계약을 맺어야만 했다. 1930년에는 다이아몬드 회사(Diamond Corporation)를 새로 설립했다. 드비어스 기업 집단은 콩고, 앙골라와 같은 다른 지역의 생산자들과 다이아몬드를 직접 거래하는 것에 관심을 가졌다. 대영제국의 개입이 약해지며 드비어스 한 회사만이 다이아몬드의 가격 관리를 맡았다.

정책의 변모

1919년은 다이아몬드 생산과 판매에서 커다란 변화가 일어난 해이다. 남아프리카 정부의 이익은 당시 광산에 관한 법률에서 규정하고 있었고, 케이프 식민지에 관해 1899년에 작성한 보석법을 기초로 했다. 이 법률에 따르면 1899년 이후 발견되는 다이아몬드 매장 지역의 산출액 60퍼센트가 국가의 수입이 되었다.

1920년대의 남아프리카 정부의 세수는 연평균 약 3,475,000파운드였다고 추정한다. 이 액수는 다이아몬드 생산자가 배분한 배당 총액보다 많았다.

드비어스 그룹은 정부 개입에 긍정적이었다. 정부가 개입하면 드비어스 그룹과 생산자들 간에 이견이 있을 때 합의에 도달할

확률이 높아지기 때문이다. 남아프리카 정부가 관건이었던 것은 새로운 생산자인 벨기에령 콩고와 포르투갈령 앙골라의 등장과 맞물려 있다. 이들과 벌여야 했던 국제 교섭에서 남아프리카 정부의 입장은 매우 중요했다. 정부의 입김에 따라 교섭의 방향이 달라질 수 있었기 때문이다.

정부가 주도권을 쥐고 1919년에 체결한 협정은 훗날 프리토리아 협정으로 알려지게 된다. 이 협정은 1914년의 카르텔 협의를 개선한 것이다. 여기서 맺은 합의는 앞서 나온 남아프리카 앵글로 아메리칸 회사의 가입으로 인해 매우 중요해졌다. 이 회사는 1926년에 드비어스 주식 과반수를 취득하여 모기업이 된다.

협정은 1921년 1월 1일부터 1924년 12월 31일까지 계속되었다. 협정에 따르면 미가공 다이아몬드는 런던의 판매 대리인만이 취급할 수 있었다. 미가공 다이아몬드 판매액은 900만 파운드 정도였고, 드비어스 연합 광산 회사가 그 절반 이상을 차지했다.

중앙집권의 강화

세실 로즈가 살아 있을 때부터 드비어스의 판매 전략은 자기들만이 다이아몬드를 판매하는 중앙집권화 경향을 보였다. 1914년이 되자 먼저 벨기에령 콩고에서 미가공 다이아몬드를 안트베르펜으로 수출했다. 제1차 세계대전 이후 벨기에는 독자적인 네트워크를 넓히려 했지만, 드비어스와의 합의 때문에 콩고에서 수출한 다이아몬드도 드비어스 런던 대리인을 통해 판매하고 있었다. 1924년에는 프리미어(트란스발) 광산 회사, 1930년에는 신야헤르스폰테인 광산개발 회사가 사실상 드비어스 산하에 들어왔다. 이렇게 두 세계대전 사이 기간에 드비어스의 독점은 강해져 갔다.

드비어스의 위기와 역습

영국이 1922년에 단행한 광산 규제 완화로 누구라도 왕의 땅에서 시굴권을 청구할 수 있게 되었다. 이때 광물을 발견하면 30일 이내에 정부에 보고해야 했다. 또한, 산출액의 60퍼센트는 세금으로 내야 했고 나머지 40퍼센트만 광산 소유주가 가질 수 있었다. 단, 이 법에 의해 국가가 생산과 무역 양쪽에 특별한 영향을 미칠 수는 없게 되었다.

1925년에는 요하네스버그에서 약 190킬로미터 정도 떨어진 리히텐버그에서 다이아몬드 매장 지역이 발견되어서 드비어스 직원이 아닌 사람들도 다수 일하게 되었다. 게다가 1926년에는 독일인 메렌스키가 대서양 쪽에 있는 소(小)나마콸랜드에서 사광을 발견했고, 6개월이 지나지 않아 15만 파운드의 가치를 가진

12,500캐럿짜리 미가공 다이아몬드를 손에 넣었다.

리히텐버그와 소나마콸랜드의 다이아몬드 산출량은 전 세계 다이아몬드 시장에 영향을 줄 정도였다. 그 다이아몬드는 드비어스가 아닌 독립 바이어를 통해 시장에서 유통되었다. 다이아몬드 판매 독점을 노리는 드비어스에 거대한 위협이 될 수 있는 사태였다.

이런 위기 속에서도 드비어스는 다시 일어섰다. 드비어스는 1928년부터 1929년까지 산출량을 50퍼센트 줄였다고 했지만, 남아프리카에서는 원석 산출량을 그 정도로까지 감소시키지는 않았다. 남아프리카 연방의 수출액은 1927년 약 1,230만 파운드에서 1928년 약 889만 파운드로 감소했지만, 1929년에는 약 1,075만 파운드 수준을 유지했다.

리히텐버그에서는 소규모 사업자들이 채굴했기 때문에 드비어스의 방대한 산출량에 대항하는 것은 거의 불가능했다. 하지만 드비어스가 승리하려면 그것만으로는 충분하지 않았다.

오펜하이머는 드비어스 신디케이트 구성원에게 드비어스의 유통 루트 밖에서도 다이아몬드를 사들이도록 요청했다. 더 나아가 남아프리카 정부 이외에 산출량이 많았던 콩고와 앙골라와도 장기 계약을 맺어서 그 지역에서 산출된 다이아몬드를 사도록 제안했다.

그 제안을 통해 이익을 얻기 위해 1930년에 오펜하이머는 앞서 나온 다이아몬드 회사를 설립하고 출자액을 250만 파운드에서 500만 파운드로 증액했다. 다이아몬드 회사는 신디케이트의 판매를 대행하는 회사가 되었다. 이 회사에서 드비어스가 가지는 주식의 비율은 32.5퍼센트였고, 상임이사인 오펜하이머의 서남아프리카 합동 다이아몬드 광산 회사가 가진 주식 비율은 12.5퍼센트였다.

이렇게 오펜하이머는 다이아몬드 회사와 드비어스 연합 광산 회사의 사장이 되었고, 미가공 다이아몬드 생산을 지배하는 사람이 되었다.

신디케이트의 역할

1927년 이후 미가공 다이아몬드 1캐럿당 가격 변동은 리히텐버그와 소나마콸랜드의 사광과 관계가 있다. 다이아몬드 가격은 신디케이트의 정책에 좌우되므로 이 두 지역에서 산출되는 다이아몬드가 지나치게 많아지는 것을 막을 필요가 있었다.

하지만 다이아몬드 가격은 그렇게 낮아지지는 않았다. 또, 많은 다이아몬드는 제1차 세계대전의 전승국으로 경제 번영을 누리던 미국으로 수출되었다. 하지만 대공황이 닥치면서 미국에서 다이아몬드를 수입하는 양이 크게 감소한다. 1929년에 42,010캐럿이었던 수입량이 대공황의 영향으로 1933년에는 8,360캐럿까지 감소해 버렸다. 그동안 다이아몬드 가격 자체는 55퍼센트 정도 내려갔다.

다이아몬드 회사는 산출량을 가능한 한 억제하려 했다. 프리미어와 신야헤르스폰테인의 광산이 각각 1931년과 1932년에 채굴을 멈추자, 드비어스도 1932년에 모든 광산의 작업을 멈추었다. 미가공 다이아몬드 가격은 1912년 수준에서 고정되어 있었다. 이로 인해 다이아몬드는 팔리지 않았고 카르텔의 기능은 떨어졌다.

드비어스가 남아프리카 연방과 다이아몬드 산출량 조정을 협의했다고는 하지만, 그것만으로는 소나마콸랜드에서 생산 과다가 발생할 가능성을 없앨 수는 없었다. 결국 오펜하이머는 1933년 남아프리카 연방과 새로운 카르텔 협정을 체결했다. 공적인 신디케이트 단체인 다이아몬드 산출자 협회를 설립한 것이다.

드비어스는 장기적인 판매 전략을 세울 수 있었고, 산출자는 재고가 팔릴 때까지 산출을 제한할 필요가 없다는 이점이 있었다. 이런 결정을 내릴 수 있었던 배경에는 드비어스 연합 광산 회사에 속한 산출자가 압도적으로 많았기 때문이다.

다이아몬드 회사가 회사 밖에서 다이아몬드를 사들이는 할당량을 고정해야만 했던 것은 전 세계 총산출량에서 남아프리카와 서남아프리카가 차지하는 비중이 작아졌기 때문이다.

1933년의 신디케이트 협정 기본 조항에는 산출자 그룹에 남아프리카 연방을 포섭한다는 항목이 있었다. 그렇게 해서 소나마콸랜드의 작업원을 포함할 수 있었다. 오펜하이머의 경영 능력과 외교 수완 덕분에 관계하는 모든 구성원이 협력하게 되었으므로, 다이아몬드의 국제시장은 경제적 위기를 벗어나 건전한 기반을 다지게 되었다. 이 결과, 큰 타격을 받지 않고 앞에서 언급한 문제를 극복할 수 있었다.

드비어스의 가격 조작 방법

남아프리카의 다이아몬드 산출량은 인도나 브라질과는 비교할 수 없을 정도로 많았다. 드비어스가 가격을 관리하려 한 것도 시장에서 다이아몬드가 예전보다 훨씬 많이 유통되었기 때문이다. 이 독점을 가능하게 한 것은 로즈와 오펜하이머 두 사람이었지만 둘의 역할은 조금 다른 점이 있었다. 남아프리카를 대영제국의 일부나 마찬가지로 만든 것은 정치적 성향이 강했던 로즈였고, 다이아몬드를 독점적으로 공급하는 데 더 큰 공헌을 한 것은 오펜하이머였다. 드비어스 신디케이트의 발전은 오펜하이머의 뛰어난 경영 수완 덕분이었다.

19세기 말에 발생한 제2차 산업혁명으로 인해 유럽에도 거대 기업이 등장하기 시작했다. 미국 쪽도 이런 경향이 두드러졌다.

예를 들면 존 데이비슨 록펠러가 창설한 스탠더드 석유회사는 석유 정제를 독점하여 석유 가격 결정력을 쥐고 거대해졌다.

드비어스는 남아프리카의 광산과 전 세계 다이아몬드 판매망을 독점하거나, 적어도 과점 상태를 유지해서 다이아몬드 가격을 관리하려 했다. 물론 차이점도 있다. 스탠더드 석유회사가 미국 국내의 석유 가격을 조종하는 데 그쳤다면, 드비어스는 전 세계 다이아몬드 가격을 결정하려 했다.

드비어스가 소유한 다이아몬드 광산 외에도 수많은 광산이 발견되었다. 여러 광산을 소유한 사람도 등장했다. 드비어스는 그 광산들을 사들이고 자신들 그룹에 편입시켜서 산출량 관리를 실현했다. 공급량을 조종해서 변동하는 수요에 대응하기 위함이었다. 예를 들어, 수요가 감소할 때는 산출량과 공급량을 줄여 가격 하락을 막으려 했다. 이런 일은 드비어스가 여러 광산을 소유할 수 있었기 때문에 가능했다.

인도와 브라질에서 다이아몬드를 공급하던 시대에는 유럽의 해외 진출, 즉 제국주의의 팽창과 다이아몬드의 공급은 밀접한 관계가 아니었다. 인도의 경우에는 국가로부터 독립적인 세파르딤 · 아시케나지 · 아르메니아인 상인 네트워크가 중요했다.

브라질의 다이아몬드 무역에서는 포르투갈의 지배적인 독점을 엿볼 수 있지만, 아직은 제국주의 색채가 짙지는 않았다.

남아프리카는 조금 달랐다. 이 땅을 식민지로 만든 영국의 노골적인 제국주의 정책이 드비어스라는 회사를 통해 다이아몬드 산출과 무역 · 가공 · 판매에 이르기까지 모든 과정을 장악했다. 제국으로서의 영국, 독점 지위를 가진 드비어스, 그리고 세실 로즈라는 개인의 욕망이 하나의 고리로 이어져 있었다.

한편, 오펜하이머는 드비어스 단독으로 다이아몬드 가격을 관리할 수 있게 만들었다. 제1차 세계대전이 끝나고 대영제국의 일체성이 흔들리던 때라서 가능했던 일이다. 강력했던 대영제국의 뒷받침을 이제 더는 기대할 수 없었지만, 이는 또한 기회였다.

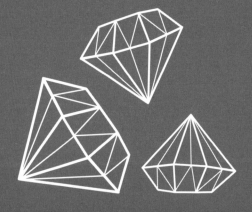

제4장

글로벌라이제이션 시대의
다이아몬드

세력 지도의 변화

20세기 후반이 되자 다이아몬드 산출 지역과 산출량이 급격하게 증가했다(그림4-1 참조). 1870년부터 1925년까지는 남아프리카의 비율이 압도적으로 높았다. 세실 로즈가 다이아몬드 생산과 유통을 독점할 수 있었던 것은 산지가 한정되었기 때문이다.

이후로 남아프리카의 산출량은 그다지 증가하지 않았지만 콩고공화국·잠비아·콩고민주공화국·보츠와나의 산출량은 증가했다. 게다가 러시아(소비에트 연방)와 캐나다뿐 아니라 세계 여러 곳에서 다이아몬드를 산출하게 되었다. 하지만 그 중심에는 여전

그림4-1

다이아몬드 산출량과 산출 지역

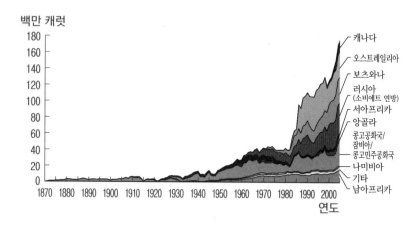

그림4-2

주요 다이아몬드 산출국

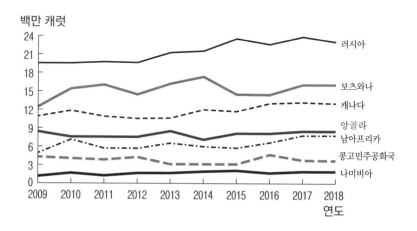

히 아프리카가 있었다. 한편, 가공 거점으로는 이스라엘이 새롭게 부상했다. 역사적으로 다이아몬드 산업은 유대인과 관계가 많은 산업이었다.

다이아몬드가 매장된 지역이 세계 각지에서 발견되자 다이아몬드 산업은 유대인에게 더욱 중요한 산업이 되었다. 유대인은 무역 · 절삭 · 연마 · 도매 · 소매 등 다이아몬드 산업 전반에 걸쳐 종사했기 때문이다.

이스라엘의 기간산업 가운데 하나가 다이아몬드 산업인 배경에는 이런 사실이 있다.

인공합성 다이아몬드와 가격 관리의 한계

다이아몬드는 땅속 깊은 곳에서 생성되는데, 같은 조건을 준비할 수 있다면 이론적으로 인공합성 다이아몬드(Synthetic Diamond)를 제조할 수 있다. 하지만 19세기 말까지 인공합성 다이아몬드를 만들고자 했던 시도는 전부 실패했고, 1950년대가 되어서야 겨우 제너럴 일렉트릭(GE)이 성공했다.

인공합성 다이아몬드 제조 성공은 다이아몬드 독점적 판매를 노리는 드비어스에 위협으로 작용했다. 드비어스가 적절하게 대응하지 않으면 카르텔이 붕괴할 위기에 직면한 것이다.

다이아몬드 비즈니스에는 많은 중간 상인과 브로커가 개입한다. 다이아몬드 광산에서 소비자 손에 도착할 때까지 과정은 매우 길다. 그 과정이 길수록 유통을 지배하는 것이 가격 관리 성공으로 이어진다.

제2차 세계대전 후 다이아몬드 산출량이 급속하게 증가했기 때문에 드비어스의 가격 관리는 조금씩 어려워졌다. 시장에서 유통되는 다이아몬드가 많을수록 한 회사가 가격을 조종하기 어려워지는 것은 당연한 일이다. 결국 다이아몬드는 사치품으로서의 성격이 옅어져 많은 사람이 살 수 있는 상품이 되었다.

다이아몬드 비즈니스는 이익이 크기 때문에 이를 둘러싼 이권 다툼도 크다. 아프리카에는 민족 분쟁 때문에 정치적으로 불안정한 국가가 많다. 이렇다 할 산업이 없는 아프리카 나라들은 분쟁자금을 조달하기 위해 다이아몬드를 불법으로 거래하기도 했다. 이런 다이아몬드를 '분쟁 다이아몬드'라고 부른다.

한편, 새로운 다이아몬드 소비지로 뉴욕은 중요 도시가 되었고 중국의 지위도 급속하게 높아졌다. 그리고 인도의 자이나교 신자들의 활약이 눈에 띄기 시작했다.

이번 장에서는 다이아몬드를 둘러싼 여러 가지 움직임을 소개한다.

다이아몬드 가격 결정과
여섯 가지 규칙

드비어스와 다이아몬드 유통

드비어스의 절삭 공장은 뉴욕·텔아비브·안트베르펜·홍콩 등 여러 지역에 존재한다. 드비어스는 1980년에 절삭하지 않은 다이아몬드를 20억 달러어치 출하했고, 최종적으로 소매 시장에서는 80억 달러 이상의 가치를 가지는 다이아몬드로 유통했다.

앞에서 소개한 것처럼 드비어스는 19세기 말부터 다이아몬드 산출과 판매를 지배하며 다이아몬드의 도매가격과 소매가격을 조종해 왔다. 다만, 시대 변화와 함께 가격을 조종하는 일은 점점 어려워졌다. 새로운 다이아몬드 광산이 발견되면 시장 지배력은 더욱 떨어질 것이 분명했다. 실제로 제2차 세계대전이 끝난 후 여러 다이아몬드 광산이 잇달아 발견되면서 드비어스에 위기가 닥쳤다. 하지만 드비어스는 가격 조종을 위한 여섯 가지 규칙을 교묘하게 이용해서 다이아몬드 가격 하락을 막았다.

몬티 찰스의 여섯 가지 규칙

다이아몬드 판매를 위한 여섯 가지 규칙을 정한 것은 드비어스 무역회사의 중역이던 몬티 찰스이다. 이 규칙이 전후부터 1970년대까지 전 세계 다이아몬드 가격을 결정했다고 해도 과언이 아니다.

(1) 누가 다이아몬드를 획득할지를 결정하는 것은 드비어스 무역회사이며 그 권위를 의심하지 말라

몬티 찰스는 업자가 다루는 다이아몬드의 양에 따라 업체와 거래하는 방식을 달리했고, 공급하는 다이아몬드 품질도 그 방식에 따라 결정했으며, 그 품질이 공급 측의 이익률을 결정할 수 있게 했다. 이런 배분 전략이 다이아몬드 비즈니스에서 살아남을 수 있었던 주요 요소였다.

(2) 제조업체가 가격을 결정하지 못한다

　제조 과정에서 어느 정도까지 가공할지에 따라 가격이 2천 가지로 분류되어 있었고 이를 결정하는 것은 드비어스였다. 그들은 또한 아프리카와 시베리아 광산에서 채굴한 다이아몬드를 매입할 때 어느 수준의 원석을 살 것인지도 결정했다. 이런 과정에서 드비어스는 사전 통보 없이 전략적으로 가격을 변동하고는 했다. 그 과정에 제조업체가 개입할 여지는 없었다.

　드비어스가 제조업체에 제시하는 다이아몬드 가격은 절삭하지 않은 다이아몬드의 도매가격보다 적어도 25퍼센트는 낮은 가격이었다. 도매가격이 하락했을 때도 제조업체는 고정된 가격으로 다이아몬드를 구매해야만 했다. 그만큼 드비어스의 지위가 강했다.

(3) 이익이 나오는 판매 방법을 선택한다

　광산에서 채굴하는 다이아몬드는 형태·색채·투명도 등이 각양각색이었다. 만일 제조업체가 가공하기 쉽거나 이익이 많이 남는 다이아몬드만 선택한다면 드비어스는 손해를 볼 수밖에 없다. 그래서 몬티는 이익이 크게 남지 않는 것과 크게 남는 것을 한데 묶어 세트로 팔았다. 제조업체는 드비어스 외에 다른 거래선을 찾을 수 없었으므로 이런 행태를 받아들일 수밖에 없었다.

⑷ 제조업체는 몬티 찰스의 특별 허가 없이 다이아몬드를 전매할 수 없다

이것은 드비어스가 다이아몬드 시장을 독점하기 위해서는 꼭 필요한 규칙이었다. 제조업체가 임의로 전매하게 되면 드비어스가 조종할 수 없는 다이아몬드가 증가하게 된다. 몬티 찰스는 이런 점을 걱정했던 것 같다. 역으로 말하자면 이만큼 강제적인 수단을 취할 수 있을 정도로 드비어스의 힘은 강했다.

1977년, 이스라엘 정부의 영향권에 있는 딜러가 드비어스 고객(제조업체)에게 100퍼센트의 프리미엄을 지급했더니 많은 제조업체가 그 딜러에게 몰려갔다. 자칫하면 드비어스 고객의 다이아몬드가 딜러의 손에 넘어가게 될 상황이었다. 그렇게 되면 다이아몬드 시장을 독점하고 가격을 조종한다는 드비어스의 경영 수법은 붕괴할 수 있다.

결국 가격 관리권을 손에 넣은 이스라엘과 교섭할 수밖에 없었다. 이스라엘 정부와 벌인 교섭은 매우 어려운 일이었지만 1979년에 드비어스는 다이아몬드 시장 지배권을 이스라엘로부터 되찾아왔다.

몬티 찰스는 같은 사태가 발생하는 것을 방지하기 위해 제조업체가 다이아몬드를 바로 절삭·연마해서 다른 업자에게 전매할 수 없게 만들어야 한다고 주장했고, 그것을 강제하는 데 성공했다. 드비어스의 다이아몬드를 소규모 공장에 전매하는 것을 허가

받은 제조업체도 있지만 극히 소수에 불과했다. 만일 그런 제조업체가 많았다면 드비어스의 독점은 붕괴했을 것이다. 절삭하지 않은 다이아몬드는 신뢰할 수 있는 제조업체에만 판매했다.

(5) 제조업체는 정보를 드비어스에 제공해야 한다

제조업체는 드비어스와 면접할 때 드비어스의 질문에 상세하게 답을 준비해야 한다. 절삭하지 않은 다이아몬드 재고량, 절삭 중인 다이아몬드 수량, 예전에 판매한 다이아몬드 수량, 그 밖에 자신들의 사업에 관한 중요 사항을 상세하게 이야기해야만 한다. 이것은 다이아몬드의 모든 공급을 드비어스가 독점하고 싶다는 의사 표명이다.

실제로 드비어스는 절삭공장의 재무기록, 다이아몬드 실제 재고 수량, 기계류, 노동자 수를 조사했다. 이를 통해 한 달 동안 어느 정도의 다이아몬드를 절삭할 수 있는지를 추정할 수 있었다.

(6) 드비어스의 전략을 위배하는 업체에는 다이아몬드를 공급하지 않는다

다이아몬드 가격은 절대 내려가지 않는다는 환상을 유지하려면 온갖 수단을 동원해서 가격 하락을 막아야 했다. 이를 위해 드비어스는 제조업체가 도매상이나 소매 보석상에 판매하는 것을 금지했다. 소매가격을 떨어뜨리지 않기 위한 전략이었다. 또한

가격 유지에 위배되는 행위를 하는 제조업체가 있다면 그 업체에 다이아몬드 공급을 끊었다. 업체는 드비어스의 가격 관리정책을 지지해야만 했다.

드비어스는 이런 전략을 구사하며 전 세계 다이아몬드 가격을 관리하려고 했고, 어느 정도까지는 성공했다. 카르텔을 형성해서 전 세계 유통망을 손에 쥐었고, 드비어스의 유통 네트워크를 통하지 않으면 다이아몬드를 판매할 수 없도록 했다.

하지만 이 시스템이 흔들리는 사태가 발생했다. 인공합성 다이아몬드가 출현했고, 소련의 다이아몬드 광산 출하량이 증가한 것이다. 먼저 인공합성 다이아몬드에 관해 살펴보자.

2
인공합성 다이아몬드의
상품화

시행착오 300년

1950년의 드비어스는 전 세계 천연 다이아몬드 산출을 거의 독점하고 있었다. 만일 드비어스에 대항하는 방법이 있다면 그것은 인공합성 다이아몬드를 제조하는 것뿐이다.

인공합성 다이아몬드 제조는 적어도 300년에 걸쳐 끊임없이 시도되었다. 일례로 1694년에 피렌체에서 인공합성 다이아몬드를 제조하려고 한 기록이 남아 있다. 물론 실패로 끝났다. 그로부터 1세기가 지나서 영국의 화학자 스미스슨 테넌트는 다이아몬드가 탄소로 이루어져 있다는 것을 증명했다. 이때부터 인공합성 다이아몬드 제조에 이르는 길이 크게 열렸다.

인공합성 다이아몬드를 만들어서 공급량이 늘어나면 드비어스가 다이아몬드 공급을 독점할 수 없게 될 수 있다. 오펜하이머는 인공합성 다이아몬드 이야기를 듣고는 "신만이 다이아몬드를 만들 수 있다."라고 답했다고 한다. 하지만 그의 그런 생각은 명백한 잘못이었다.

스웨덴의 전기기기 제조사인 ASEA는 다이아몬드 합성에 필요한 거대 압력을 만드는 유압 프레스를 제조했다. 인공합성 다이아몬드 제조 자체는 실패했지만, 1953년에 철과 탄소 합성물을 다이아몬드 결정으로 만드는 데에는 성공했다.

제너럴 일렉트릭의 성공

제너럴 일렉트릭의 과학자들이 새로운 유압 프레스를 개발했다. 그 성능은 스웨덴에서 만든 것보다 훨씬 강력했다. 그리고 1954년에 마침내 인공합성 다이아몬드 제조에 성공했다. 다음 과제는 상업적으로 팔릴 수 있는 다이아몬드를 생산하는 것이었다.

처음 제너럴 일렉트릭은 인공합성 다이아몬드 제조를 비밀로 하다가 1955년 2월 보도자료를 통해 인공합성 다이아몬드 제조 성공을 공표했다. 세상 사람들은 다이아몬드를 인공적으로 만들 수 있다는 소식을 듣고 깜짝 놀랐다.

제너럴 일렉트릭이 제조한 다이아몬드는 매우 작고, 촉매작용 때문에 변색된 것이어서 보석으로 팔 만한 수준은 아니었다. 하지만 공업용으로는 충분히 사용할 만했다. 공업용 다이아몬드가 차지하는 비율은 다이아몬드 비즈니스 전체 시장의 4분의 1에 달했기 때문에 드비어스는 강력한 경쟁 상대를 만난 셈이다. 비록 제너럴 일렉트릭이 크고 품질이 좋은 다이아몬드 생산에 성공한 것은 아니었지만 드비어스에게 공포를 주기에는 충분했다.

위기에 처한 드비어스

1955년 9월, 제너럴 일렉트릭은 인공합성 다이아몬드로 특허를 취득했고 인공합성 다이아몬드 제조방법을 모두에게 공개했다.

드비어스는 공업용 다이아몬드 분야에서도 세계적인 판매 네트워크를 구축하고 있었고, 막대한 금융자산도 있었다. 드비어스는 우선 제너럴 일렉트릭과 특허권을 둘러싼 소송도 고려했으나, 합의를 통해 제너럴 일렉트릭에 800만 달러의 합의금과 특허사용료를 지급하는 선에서 절충했다. 그리고 제너럴 일렉트릭과 일련의 크로스라이선스(여러 기업이 자신이 가진 특허권 등의 지식재산권 행사를 서로 허락하는 것)에 합의했다. 그래서 이 두 회사를 제외한 다른 회사가 인공합성 다이아몬드 시장에 참여하는 것은 불가능해졌다.

에르네스트 오펜하이머의 아들인 해리 오펜하이머는 앞서 소개한 ASEA로부터 스웨덴 공장을 사들이고 남아프리카에서 다이아몬드를 생산하기 위해 유압 프레스 73기를 작동시켰다. 그리고 아일랜드 섀넌에는 인공합성 다이아몬드 공장을 건설했다.

이렇게 제너럴 일렉트릭과 드비어스는 서방세계의 다이아몬드 비즈니스를 분할·지배하는 데 성공했다. 하지만 당시는 냉전 시대여서 이 영향력이 동쪽 진영에 미치지는 못했고, 소련이 현재의 우크라이나 수도인 키예프에 인공합성 다이아몬드 공장을 건설한 것도 큰 변수로 등장했다.

소련은 기본적으로 제너럴 일렉트릭의 제조공정을 사용했지만 규모는 훨씬 거대했다. 그 결과 소련은 연간 1,000만 캐럿이 넘는 다이아몬드를 생산할 수 있게 되었다.

1960년대 중반에는 남아프리카·미국·소련에서 생산한 다이아몬드를 캐럿이 아닌 '톤' 단위로 계측할 정도로 규모가 커졌다.

1966년 10월, 해리 오펜하이머는 뉴욕으로 날아가서 제너럴 일렉트릭의 인공합성 다이아몬드 제조 책임자인 윌리엄 콜디아를 만났다. 하지만 제너럴 일렉트릭은 미국 반독점법을 위반하지 않기 위해 드비어스와 공동으로 인공합성 다이아몬드 가격을 조종하는 것은 거부했다. 결국 드비어스는 독자적으로 가격을 관리하는 방법을 고안해야만 했다.

당시 보석 다이아몬드 가격은 상승했지만, 공업용 다이아몬드 가격은 많이 하락한 상태였다. 이런 변화는 인공합성 다이아몬드가, 품질이 낮아 공업용으로 쓰이던 천연 다이아몬드를 완전히 대체할 가능성이 있다는 것을 의미한다.

나쁜 소식은 계속 이어졌다. 제너럴 일렉트릭이 1970년 5월에 1캐럿 이상의 인공합성 다이아몬드 제조에 성공했다. 제조 초창기에는 너무 작아서 보석 가치로는 큰 의미가 없던 합성 다이아몬드가 이제는 사람들 몸을 장식할 만한 수준의 크기로 재탄생한 것이다. 게다가 제너럴 일렉트릭의 인공합성 다이아몬드의 품질은 천연 다이아몬드와 비교해도 손색이 없었다. 인공합성 다이아몬드를 절삭·연마하면 육안으로는 천연 다이아몬드와 구별할 수 없을 정도였다.

이때 제너럴 일렉트릭은 인공합성 다이아몬드를 보석으로 판매할 계획을 세우기도 했다. 하지만 공장에서 다이아몬드를 무한정 생산하게 되면 시장이 바로 붕괴할 수 있다는 사실을 깨달았다. 제너럴 일렉트릭으로서도 다이아몬드 가격이 하락하는 것은 바라지 않았으므로 인공합성 다이아몬드를 보석으로 판매하려던 계획은 접게 되었다.

3

소비에트 연방의 대두

다이아몬드 채굴 개시

시베리아는 천연자원의 보고다. 석유 · 천연가스 · 석탄 등이 방대하게 매장되어 있고, 다이아몬드 광산도 있다.

냉전이 시작되자 소련은 예전보다 더 많은 자금이 필요했다. 그 자금을 만들 가능성이 있는 자원으로 다이아몬드에 주목했다. 하지만 이때에는 아직 소련 내에서 다이아몬드 광산은 발견되지 않았다.

시베리아 동부에 있는 야쿠티아(지금의 사하공화국)의 시베리아 평원에서 다이아몬드 매장량을 조사했다. 1953년에 다이아몬드 광석처럼 보이는 것을 발견했다. 관계자들이 현지에 가보니 다이아몬드가 포함된 광석은 분명했지만, 상업화할 수 있는 정도의 양은 아니었다.

하지만 1955년 무렵부터 다이아몬드 포함 비율이 높은 광석이 나오는 광산을 추가로 발견했다. 그곳이 바로 미르니 광산이다. 남아프리카의 킴벌리 광산과 비교하면 광석에 포함된 다이아몬드의 양은 적지만, 소련은 채굴을 결정했다.

문제는 환경이었다. 시베리아는 극한의 땅이어서 채굴을 진행

미르니 광산

하려면 어려운 점이 많았다. 야쿠티아는 겨울이 7개월간 계속된다. 강철마저도 성냥개비처럼 쉽게 부러져 버렸다. 석유는 고체 덩어리처럼 되었고, 고무 타이어는 도자기처럼 산산조각이 났다. 게다가 여름이 되면 동토가 제어불능 상태인 늪지로 변했다.

기술자들은 이런 어려움에도 굴하지 않고 미르니 광산을 노천 다이아몬드 광산으로 변화시켰다. 영구동토층에 구멍을 내기 위해 제트엔진을 사용하기도 했다. 암석을 파내고 그 아래에 있는 킴벌리 광석을 움직이기 위해 다이너마이트를 대량으로 사용했다. 밤이 되면 기계가 얼지 않게 광산 전체를 덮개로 덮었다.

1960년이 되자 거대한 굴삭기가 광석을 화물운반차에 실었고, 운반차는 약 32킬로미터 떨어진 분리공장까지 광석을 옮겼다. 소련은 광산을 개발하려고 새로운 도시인 아이할을 건설했다. 모든 건물은 복도를 따라 서로 연결되었고 반투명 플라스틱으로 만든 무거운 덮개로 덮였다. 이런 노력을 거쳐 다이아몬드를 발굴했다. 이후 시베리아 다이아몬드가 전 세계 시장으로 서서히 흘러 들어 갔다. 그와 동시에 소련은 인공합성 다이아몬드 제조에 착수했다.

시베리아산 다이아몬드의 특징

1962년 초, 소련은 자국산 다이아몬드 보석 전부를 드비어스에 판매하는 데 동의했다. 드비어스도 다이아몬드 유통을 독점해서 가격을 조종할 필요가 있었다.

그로부터 몇 년 지나지 않아서 소련의 다이아몬드 수출량은 연간 200만 캐럿에 달했다. 다이아몬드는 소련이 서방세계로부터 현금을 입수할 수 있는 대표적인 수출품이 되었다.

한편 드비어스는 소련이 런던으로 보내는 다이아몬드 수출량에 놀라고 있었다. 어떻게 이렇게 많은 다이아몬드를 보낼 수 있는지 이해하기 어려웠다. 드비어스의 지질학자도 시베리아 광산이 같은 규모의 남아프리카 광산의 다섯 배나 되는 다이아몬드를 산출한다는 점을 의아하게 생각했다.

예를 들어 1978년 남아프리카 핀슈 광산의 다이아몬드 산출량은 200만 캐럿이었으나, 미르니 광산의 산출량은 1,000만 캐럿이나 되었다. 아무리 생각해도 불가능한 수치였다. 게다가 미르니 광산의 산출량은 점점 증가했다.

아무리 큰 광산이라도 매장량은 한계가 있으므로 해가 갈수록 산출량은 감소하는 것이 일반적이다. 그런데 미르니 광산의 산출량은 오히려 증가했다. 드비어스의 지질학자는 이 일을 전혀 이해할 수 없었지만 시베리아산이 유달리 녹색을 띠고 모서리가 날

카롭다는 점을 발견했다. 게다가 크기와 형태도 거의 균일했다. 남아프리카산 다이아몬드가 크기도 형태도 다양한 것과 비교하면 눈에 띄는 차이점이었다. 지질학자는 이 의심스러운 차이를 회사에 보고했다.

실버베어스의 비밀

1976년, 런던 드비어스에는 아예로플로트(소련의 국영항공회사였으며 지금은 러시아의 국영항공회사 — 옮긴이) 비행기에 실린 녹색 다이아몬드가 끊임없이 들어왔다. 드비어스는 그것들을 받을 수밖에 없었다. 만약 받지 않으면 소련이 다른 고객에게 다이아몬드를 팔 것으로 생각했기 때문이다. 드비어스의 임원 회의에서는 시베리아산 다이아몬드의 신기한 특성이 논의 대상이 되었다.

드비어스는 소련 정부에 시베리아 광산 방문을 희망한다고 요청했다. 소련은 동의했지만, 교환 조건으로 소련의 지질학자가 드비어스 소유의 남아프리카 다이아몬드 광산을 견학하는 것을 내세웠다.

1976년 여름에 드비어스의 필립 오펜하이머와 지질학자가 모스크바를 방문했다. 시간이 얼마간 지난 후에 드디어 시베리아 광산을 볼 수 있었다. 광산 자체는 남아프리카와 다르지 않았지만 깊이는 그리 깊지 않았다. 예상했던 것보다 많은 양의 다이아몬드 원석이 있어서 별로 깊이 팔 필요가 없는 것으로 추측했다.

다이아몬드 공장도 견학했다. 소련에서는 광석에서 다이아몬드를 분리할 때 물을 사용하지 않았다. 시베리아의 겨울은 몹시 추워서 물이 얼어버리기 때문이다.

테스트를 위해 미르니 광산의 광석을 먼저 기계로 깨뜨려서 표준적인 사이즈로 만들었고 엑스선을 사용하는 선별기를 통과시켰다. 시베리아의 다이아몬드 광산도 남아프리카의 광산과 특별히 다른 산출 방법을 사용하는 것 같지는 않았다. 드비어스는 소련이 어떻게 대량의 다이아몬드를 산출하고 수송할 수 있는지 끝내 알아내지 못했다.

드비어스가 소련과 거래한 것은 절삭하지 않은 다이아몬드뿐이었다. 소련의 다이아몬드는 '실버베어스(은색 곰이라는 뜻)'로 불렸다. 실버베어스의 크기는 거의 동일했고, 같은 패턴으로 절삭되어 있었으며, 비슷하게 생긴 가는 홈도 있었다. 이를 통해 실버베어스를 제조할 때 자동 절삭 기계를 사용했다는 점을 알 수 있었다. 그 성능은 안트베르펜에서 사용하는 기계보다 훨씬 좋았다.

안트베르펜의 다이아몬드 절삭 전문가는 "소련의 절삭 기술자는 지켜야 할 기준을 철저히 지켜서 작업하고, 기준에 미달하는 제품은 폐기하거나 공업용 다이아몬드로 사용한다."라고 결론 내렸다. 이런 표준화를 위해 소련은 상당한 비용을 들였을 것이다.

안트베르펜의 다이아몬드 딜러는, 소련이 1970년에 적어도 50만 개의 실버베어스를 시장에 내보냈다고 추정했다. 안트베르펜뿐만 아니라 텔아비브의 제조업자도 소련의 다이아몬드를 알게 되었다. 소련이 제조하는 다이아몬드가 어느새 드비어스를 위협하는 존재가 된 것이다.

이보다 앞선 1969년, 소련은 안트베르펜 · 취리히 · 프랑크푸르트에 사무소를 개설했다. 수천 명이나 되는 다이아몬드 절삭 기술자를 양성하고 있다는 사실도 밝혀졌다.

드비어스의 대응

소련의 무역 조직은 연마한 다이아몬드를 유럽에 수출하는 사실을 의도적으로 숨겼다. 하지만 뉴욕의 딜러 중에는 소련 다이아몬드 회사에 초빙된 사람도 있었다. 그는 미국 달러로 작은 다이아몬드를 1,500개 구매했다. 미국 달러를 필요로 하는 소련의 요구에 응한 것이다.

드비어스는 소련 다이아몬드가 미국 · 벨기에 · 일본의 도매업자에게 들어가는 것을 두려워했다. 만일 드비어스를 통하지 않고 소련제 다이아몬드가 유통된다면, 드비어스의 가격 카르텔이 붕괴해 버린다. 드비어스가 장악하고 있는 시장을 실버베어스가 파괴할 가능성도 있었다. 실버베어스에 어떻게 대응할 것인지 긴급한 과제를 떠안은 드비어스는 실버베어스의 유통을 통제하기로 하고, 딜러들에게 소련에서 다이아몬드를 직접 사거나 독자적인 판매 채널에서 파는 일이 없도록 요청했다.

여기서 등장하는 것이 요셉 골드핑거다. 그는 1930년대 중반에 팔레스타인으로 이주한 인물로, 드비어스에서 세 번째로 거래액이 많은 고객이었으며 다이아몬드에 매우 정통했다. 드비어스가 자신들을 위기에서 구할 인물로 골드핑거를 선택한 것은 당연한 일이었다.

드비어스는 골드핑거를 직접 소련에 보내 거래를 하고 싶었으나 아랍 국가들이 이스라엘인을 소련에 보내는 것을 반대해서 뜻을 이루지는 못했다. 그 대신 우회적인 방법으로 브로커를 활용하기로 했다. 브로커들은 골드핑거의 돈을 들고 모스크바에 가서 대량의 다이아몬드를 사들였고, 이는 고스란히 런던에 있는 골드핑거에게 전해졌다. 이를 통해 실버베어스가 시장에서 유통되는 것을 막고 가격 카르텔을 유지할 수 있었다. 이때 브로커들은 매달 200만 달러에 달하는 자금을 다이아몬드를 사는 데 썼다고 한다.

하지만 이것은 일시적인 성공에 불과했다. 소련은 사회주의 국가라서 드비어스가 통제하기 어려웠고, 가격 카르텔을 유지하는 것도 쉽지 않았다. 골드핑거를 이용해 소련과 거래를 했던 것은 살얼음판을 걷듯 위태로운 행보였다. 소련이 붕괴했을 때, 드비어스의 전략은 모두 물거품이 되었다.

4

다이아몬드와 이스라엘

오베드 벤 아미 시장

제2차 세계대전까지 다이아몬드 산업에는 다음 세 가지 세력이 있었다. 아프리카를 중심으로 하는 산출, 런던을 거점으로 하는 유통, 안트베르펜에 집중된 절삭이 그것이다.

에르네스트 오펜하이머는 안트베르펜의 절삭 공장에 드비어스의 다이아몬드 대부분을 공급했다. 하지만 전쟁으로 인해 안트베르펜이 기능할 수 없게 되자 안트베르펜의 다이아몬드 절삭 산업을 버렸다.

이후 팔레스타인이 안트베르펜을 대신해서 절삭의 중심지가 되었는데, 1939년에 두 명의 유대인이 안트베르펜에서 팔레스타인으로 망명하면서 이야기가 시작된다. 당시 팔레스타인의 네타냐라는 도시의 시장은 오베드 벤 아미였는데, 벤 아미는 네타냐에 유대인 거주 지역을 건설하기 위해 힘쓰고 있었다. 그는 안트베르펜에서 온 두 사람의 유대인으로부터 힌트를 얻어 마땅한 경제 기반이 없던 도시에 다이아몬드 산업을 구축할 생각을 했다. 벤 아미는 두 사람에게 다이아몬드 제조를 위한 건물을 제공했고, 개인적인 지출을 위한 자금도 빌려줬다.

다이아몬드 산업이 발전하려면 세 가지 조건이 필요하다. 햇빛, 노동, 기자재다. 그것들은 팔레스타인에서 제공할 수 있었다. 문제는 미가공 다이아몬드를 꾸준히 공급받을 수 있는가 하는 점이었다. 벤 아미가 지인인 텔아비브 은행가에게 상담했더니 "다이아몬드 공급은 거의 드비어스의 손에 들어 있다."라는 이야기를 들었다.

아울러 은행가는, 드비어스 카르텔은 벨기에 정부와 맺은 합의로 다이아몬드 대부분을 안트베르펜에 보내고 있고, 벨기에 노동자가 절삭·가공하고 있기 때문에 드비어스 카르텔이 팔레스타인에 다이아몬드를 공급하지는 않을 거라는 조언도 했다. 하지만 벤 아미는 포기하지 않았다. 그는 드비어스의 카르텔을 포함해 전 세계 다이아몬드 비즈니스 대부분은 유대인 수중에 있어야 한다고 생각했다.

오베드 벤 아미의 교섭

벤 아미는 이 무렵 나치스 군대가 벨기에와 네덜란드를 짓밟고 있었기 때문에 앞서 왔던 두 사람의 망명자 말고도 더 많은 유대인 다이아몬드 절삭 기술자가 팔레스타인으로 망명할 수 있다고 생각했다. 그는 바로 안트베르펜과 암스테르담의 시장과 다이아몬드 길드 임원에게 여러 통의 편지를 보내 전쟁 동안 유대인 다이아몬드 절삭 기술자를 팔레스타인으로 보내줄 것을 제안했지만 1940년 중반까지 아무런 답장도 받지 못했다.

기회의 길이 열린 것은 안트베르펜의 한 유대인 산업자본가로부터 한 통의 편지를 받은 후였다. 그 편지에는 60명의 벨기에인 절삭 기술자를 팔레스타인에 보내는 비용을 제공한다고 적혀 있었다. 망설일 이유가 없었다. 벤 아미는 필요한 입국 비자 발행을 준비했다.

하지만 영국 정부는 팔레스타인에 들어오는 유대인 숫자를 엄격하게 규제하고 있었다. 벤 아미는 세계 다이아몬드 대부분은 영국에서 들어오기 때문에, 유럽의 숙련된 다이아몬드 절삭 기술자가 독일에 잡히지 않게 하는 것은 영국에 이익이 된다고 설득했다. 영국 정부는 유대계 벨기에인 다이아몬드 절삭 기술자 60명의 비자를 발행했다.

다음으로 해야 할 것은 팔레스타인에 다이아몬드를 공급하도록 드비어스를 설득하는 일이었다. 하지만 드비어스는 벨기에 정부와 다이아몬드 이동 제한 협정을 체결했기 때문에 팔레스타인에 다이아몬드를 보낼 수 없다는 입장이었다.

벤 아미는 포기하지 않았다. 에르네스트 오펜하이머의 동생인 오토 오펜하이머를 만나 같은 유대인이라는 사실에 호소하면서, 다이아몬드 산업뿐만 아니라 팔레스타인도 구해주길 바란다고 간절히 요청했다. 오토는 그의 끈기에 졌다. 결국 일시적이라는 단서를 달기는 했으나 팔레스타인에 다이아몬드를 공급하기로 약속했다.

모든 준비를 마쳤다고 생각한 벤 아미는 런던에서 안트베르펜으로 날아갔지만, 유대인 다이아몬드 절삭 기술자들을 팔레스타인으로 가도록 설득하는 것이 불가능하다는 것을 깨달았다. 그들은 독일의 롬멜 장군이 곧 팔레스타인을 점령할 것이고, 중립국인 벨기에를 떠날 필요가 없다고 생각하고 있었다. 하지만 곧 상황이 바뀌었다. 암스테르담과 안트베르펜이 나치 독일의 손에 떨어졌고 팔레스타인이 망명지로 부상하게 되었다.

팔레스타인은 저임금 노동자로 넘치게 되었고, 기술적인 부분에서도 많은 변화가 있었다. 안트베르펜에서는 비교적 큰 다이아몬드를 절삭했는데 팔레스타인에서는 작은 다이아몬드를 절삭했다. 절삭과 연마 과정을 한 사람의 기술자가 담당하는 것이 아니라 여섯 명의 멤버가 분업했다. 결과적으로 다이아몬드를 완성하기까지 걸리는 시간이 단축됐다.

이스라엘 다이아몬드 산업의 발전

　제2차 세계대전이 끝날 무렵의 팔레스타인은 양적인 측면에서
갑자기 세계 최대의 다이아몬드 제조 지역이 되었다. 전쟁 중에
500명이나 되는 사람들이 절삭 기술 훈련을 받았고, 드비어스는
1억 달러 이상의 다이아몬드를 팔레스타인에 수송했다.
　이런 사실은 전통적으로 절삭 거점이었던 벨기에에 커다란 위
협이었다. 하지만 위기가 계속되지는 않았다. 애초에 드비어스
의 거점인 런던에서 안트베르펜까지는 비행기로 한 시간이 채 걸
리지 않았고, 안트베르펜의 딜러들은 매우 장기간에 걸쳐 런던과
밀접한 관계를 쌓아왔다. 그리고 벨기에는 벨기에 왕실의 식민지
인 콩고 광산을 잘 관리하고 있었다. 벨기에의 주요 은행가, 정치
가와 상담한 드비어스는 안트베르펜을 세계 다이아몬드 제조 거
점으로 재건하는 것으로 결정했다.
　1945년부터 1948년까지 드비어스는 팔레스타인에 보내는 다이
아몬드 수량을 70퍼센트나 줄였다. 게다가 다이아몬드 등급도 중
급과 하급이었고 크기도 작았다. 이제 막 발전하기 시작한 팔레
스타인의 다이아몬드 산업은 그대로 사라질 가능성도 있었다.

1948년에 유대인들이 팔레스타인에 이스라엘을 세우면서 상황이 바뀌기 시작했다. 당시 다이아몬드는 놓칠 수 없는 주요 산업이었다. 가공할 수 있는 다이아몬드가 부족했음에도 이스라엘 은행은 다이아몬드 산업을 전면적으로 지원했다. 대형 은행은 다이아몬드를 구매하기 위해 이스라엘의 다이아몬드 딜러들에게 사실상 무제한 대출을 해줬다.

벨기에는 이익이 더 많은 큰 다이아몬드를 제조했기 때문에 드비어스는 작은 다이아몬드를 팔레스타인으로 보냈다. 이스라엘의 다이아몬드 산업은 저임금 노동자를 고용하고 있어서 저렴한 다이아몬드를 팔아도 충분한 이익을 얻을 수 있었다.

1950년대 중반부터 이스라엘은 작은 알갱이 다이아몬드 사업으로 이익을 얻고 있었는데, 그들이 사들인 미가공 다이아몬드는 대부분 밀수품이었다. 이런 사실은 드비어스 입장에서는 위협이었다. 카르텔 붕괴로 이어질 수도 있었기 때문이다. 드비어스는 이런 상황에 신속하게 대응해 이스라엘 딜러에게 작은 알갱이 다이아몬드를 공급하기 시작했다. 1965년에는 드비어스의 작은 알갱이 다이아몬드의 6분의 5 이상이 이스라엘로 들어갔다.

1970년대가 되면서 이스라엘은 몇 번에 걸쳐 화폐 평가절하를 단행했는데, 이를 통해 이스라엘 다이아몬드 절삭 산업은 안트베르펜과 뉴욕(드비어스)보다 경쟁 우위에 설 수 있었다. 게다가 이스라엘의 노동 비용은 안트베르펜이나 뉴욕보다 훨씬 낮았으므로,

이스라엘의 다이아몬드 매출은 증가했다. 이를 바탕으로 작은 알갱이 다이아몬드뿐 아니라 커다란 다이아몬드 시장에도 진출하려 했다.

1975년의 이스라엘 수출품을 보면 다이아몬드가 비농업 부문 수출액의 40퍼센트 가까이 될 정도로 다이아몬드 산업 비율이 높았고, 약 2만 명의 노동자가 다이아몬드 산업에 종사하고 있었다. 이와 대조적으로 안트베르펜에서는 다이아몬드 절삭 기술자의 4분의 1 이상이 일자리를 잃었고, 수백 곳의 다이아몬드 공장이 문을 닫았다. 이스라엘에 철저하게 밀리고 만 것이다.

드비어스의 반격

드비어스는 이런 사태를 심각하게 받아들였다. 이스라엘과 벌이는 경쟁이 다이아몬드 비즈니스 자체를 붕괴시킬 수 있는 위험성을 가지고 있었다. 1977년 초에 오토 오펜하이머의 아들 필립은 드비어스의 중역과 함께 텔아비브로 갔다.

필립은 "이스라엘과 안트베르펜의 다이아몬드 판매 경쟁은 드비어스에 바람직하지 않다. 이런 일이 계속되면 다음 해(1978)에는 이스라엘에 할당한 다이아몬드를 20퍼센트 삭감할 수밖에 없다."라고 말했다.

협박에 가까웠던 이 경고는 역효과를 냈다. 이스라엘이 독자적인 다이아몬드 공급체제 구축에 나섰기 때문이다. 이스라엘은 다이아몬드에 100퍼센트 이상의 프리미엄을 붙였다. 드비어스 거래처는 위험 부담 없이 이익을 배로 늘릴 수 있었다. 또 이스라엘의 바이어는 밀수입되던 아프리카 다이아몬드를 직접 구매하는 전략도 세웠다. 밀수 거래의 중심이었던 라이베리아 인터콘티넨털 호텔은 마치 이스라엘 거래소의 해외 출장소 같았다.

이스라엘 정부는 다이아몬드 산업을 도우려고 은행에 압력을 가했고, 은행은 다이아몬드 산업에 6퍼센트의 이자만 받고 돈을 빌려주었다. 인플레이션이 심했던 이스라엘에서는 이례적으로 낮은 이자율이었다. 1978년에는 이스라엘 은행이 다이아몬드 딜러에게 8억 달러를 융자했다. 당시 이스라엘 국내총생산의 15퍼센트에 달하는 거액이다.

드비어스의 추산으로는 1977년 당시 이스라엘의 다이아몬드 재고량은 600만 캐럿이었고, 한 달에 50만 캐럿씩 증가했다. 이 페이스로 나가면 이스라엘이 가진 다이아몬드가 런던(드비어스) 카르텔이 보유한 재고량을 넘어서기까지 고작 몇 개월밖에 걸리지 않을 증가세였다.

이스라엘이 소유한 대량의 다이아몬드가 시장에 풀리면 드비어스는 가격을 조종할 수 없게 된다. 드비어스는 이스라엘의 다이아몬드를 해결할 필요가 있다고 생각했다. 하지만 드비어스는 이스라엘의 다이아몬드 전략을 바꿀 힘을 가지고 있지 않았다. 바꿔 말하면 이스라엘 은행이 저금리로 자금 제공을 계속하는 한 이스라엘의 다이아몬드 산업 정책을 바꿀 수 없었다.

드비어스는 이스라엘 은행에 영향력을 끼칠 수 있는 방법을 찾아냈다. 해리 오펜하이머는 이스라엘 바클레이 할인은행을 지배하던 바클레이 국제은행의 임원이었다. 드비어스는 해리를 활용해 이스라엘의 은행이 이런 저금리로 이스라엘의 다이아몬드 산업에 융자하는 것은 위험하다는 사실을 받아들이게 했다.

또 드비어스는 다이아몬드에 붙는 '프리미엄'을 개선할 계획이 있다고 발표했다. 프리미엄은 은행이 딜러에게 돈을 빌려주는 것을 방지하는 효과가 있었다. 예를 들어 40퍼센트 프리미엄이 더해지면 다이아몬드 딜러는 1,000달러가 아니라 1,400달러를 지급해야 하는데, 만일 드비어스가 프리미엄을 취소하면 다이아몬드 가치는 1,000달러로 떨어지게 되므로 큰 손해를 입게 된다. 이것은 다시 은행의 손실로 이어질 가능성이 있는 것이다.

즉, 드비어스는 투기꾼에게 덫을 놓기 위해 다이아몬드 가격을 조작할 예정이라고 공언한 것이다. 강한 협박이었다. 이런 상황에서 이스라엘의 은행은 80퍼센트인 선급금을 지급할 재정적 여유가 없었다. 이렇게 되면 이스라엘의 은행은 이자율을 올릴 수밖에 없어진다. 애초에 그들은 다이아몬드 산업에 빌려주는 돈의 이자율이 너무 낮은 사실에 불안을 느끼고 있었다.

1977년에 이자율은 50퍼센트로 급격히 올라갔다. 이에 더해서 이스라엘의 은행은 이스라엘의 다이아몬드 딜러가 아니라 드비어스의 다이아몬드 공식 가격을 근거로 돈을 빌려주기 시작했다. 이스라엘의 딜러는 다이아몬드 재고부터 먼저 팔아야만 했다. 다이아몬드 가격은 하락했고 이스라엘의 은행은 이스라엘의 딜러에게 재고를 처분해서 대출금을 청산할 것을 요구했다. 다이아몬드 가격이 하락하고 금리 부담이 상승하는 가운데 투기꾼들은 가격이 얼마든 다이아몬드를 팔아야만 했다. 다이아몬드 가격이 하락했기 때문에 이스라엘의 딜러 중에는 도산하는 사례도 있었다. 이렇게 드비어스는 이스라엘과 싸움에서 승리를 거두었다.

5

안트베르펜의 분투

이제 안트베르펜이 걸어간 궤적에 관해 소개하겠다. 역사를 거슬러 올라가면 19세기 말부터 20세기 초에 걸쳐서 안트베르펜에는 다이아몬드를 거래하는 시설이 몇 군데 있었다.

1898년에 만들어진 다이아몬드 카지노는 1904년에는 다이아몬드 거래소로 바뀌었다. 그리고 1898년에는 다이아몬드 클럽, 1911년에는 자유 다이아몬드 거래협회, 1929년에는 안트베르펜 다이아몬드 서클이 결성되었다.

다이아몬드 무역 확대와 함께 20세기 전반에는 유대인들이 계속해서 안트베르펜으로 이주했다. 1930년대에는 독일과 오스트리아에서 많은 유대인이 망명해 왔다.

1880년 무렵에 약 1,200명이었던 안트베르펜의 유대인 인구는 이런 과정을 통해 1940년에는 약 29만 명으로 증가했다. 이후 안트베르펜에서 팔레스타인으로 유대인 이주가 시작되는데, 안트베르펜에 다이아몬드 절삭 기술자들이 많아서 그들 사이에 경쟁이 격화되었던 것도 한 요인이다.

당시 안트베르펜의 유대인 가운데 다이아몬드 산업에 종사하는 사람들의 비율은 80~90퍼센트였다고 한다. 그리고 안트베르펜 다이아몬드 산업의 노동자 가운데 15퍼센트가 유대인이었다고 한다. 유대인 인구 규모를 생각하면 이 숫자는 매우 크다.

제2차 세계대전이 끝나고 안트베르펜의 다이아몬드 시장은 전쟁 전보다 더 발전했고 다수의 유대인 다이아몬드 딜러가 있었다.

1973년에는 안트베르펜 다이아몬드 월드센터가 창설되었다. 자금을 제공한 것은 벨기에 정부와 안트베르펜을 대표하는 기업들이었다. 2017년에는 안트베르펜에서 금액으로는 460억 달러, 단위로는 2억 3,360만 캐럿의 다이아몬드가 거래되었다.

안트베르펜의 다이아몬드 산업은 '다이아몬드 지구'라고 불리는 지역에 집중되어 있는데, 이 지구 면적은 약 2.6제곱킬로미터 정도에 불과하다. 이 좁은 지역에 380개나 되는 다이아몬드 공방과 1,500개나 되는 다이아몬드 기업이 입주해 있는데, 2012년 다이아몬드 지구의 총매출은 540억 유로였다.

지금까지 몇 번이나 언급한 것처럼 안트베르펜의 다이아몬드 산업과 유대인과의 관계는 강하다. 다이아몬드 산업에서는 아시케나지가 사용하는 이디시어를 주로 사용하는 것만 보더라도 안트베르펜의 다이아몬드 비즈니스에서 아시케나지의 중요성을 알 수 있다. 최근에는 인도인·아르메니아인·레바논인 딜러도 증가하고 있는데, 특히 인도인의 비율이 크게 늘어나는 것이 눈길을 끈다.

다이아몬드 산업은 벨기에의 이유(EU) 역내 수출의 5퍼센트, 역외 수출의 15퍼센트를 차지하며 벨기에에서 다섯 번째로 큰 거대 산업이다. 해외에서 벨기에로 유입되는 대량 투자는 대부분 다이아몬드 산업과 관련이 있는 것이다.

다이아몬드 기술자들이 대거 안트베르펜에서 이스라엘로 이주한 이후에도 두 진영은 격렬한 경쟁을 펼쳤다. 한때 위기를 맞았던 안트베르펜의 다이아몬드 산업이 부활하면서 안트베르펜과 이스라엘은 다이아몬드 비즈니스에서 세계적인 분업을 실현했다고 할 수 있다.

6

뉴욕의 다이아몬드 상인

다이아몬드, 미국의 주요한 수출품

미국은 천연자원이 풍부한 나라다. 하지만 다이아몬드는 대부분 수입에 의존한다. 다이아몬드 원석은 알래스카에서만 산출된다.

뉴욕에서 비싼 가치를 만들어 내는 것은 고도의 숙련 노동자가 제조한 다이아몬드 보석이다. 다이아몬드 절삭과 연마 가공을 하는 기업은 광석을 보석으로 변환한다는 이유에서 다이아몬드 제조업체로 간주한다. 보석에 적합한 다이아몬드는 미국 광산에는 없지만, 미국은 절삭과 연마의 신흥 거점이며 다이아몬드 생산을 주도하는 제조국이자 수출국이다.

미국의 다이아몬드 대부분은 뉴욕에서 제조한다. 그 중심에는 맨해튼 47번가가 있다. 비싼 보석 대부분 역시 뉴욕에서 수출된다. 판매 · 제조 · 수출에서 뉴욕은 독보적이다. 다이아몬드는 뉴욕 경제의 엔진이라 할 수 있다.

뉴욕의 맨해튼에는 다이아몬드 거래에 특화한 구역이 있어서 '다이아몬드 거리'로 불린다. 이 구역은 일종의 미크로코스모스이며, 전 세계 많은 사람이 다이아몬드 산업에서 일하기 위해, 그리고 다이아몬드를 사기 위해 이 거리를 찾는다.

이곳에서는 "다이아몬드 거리는 뉴욕시 경제의 보석이며 지역 기업이 글로벌한 시장과 어떻게 연결되는지를 보여주는 대표적인 사례이다." 같은 이야기를 종종 들을 수 있다.

다이아몬드 거리는 글로벌한 다이아몬드 경제의 거점이라서 많은 사람이 이 지역을 미국 경제의 중요한 일부로 이해한다. 뉴욕과 미국이 경기 후퇴의 영향에 빠져 있을 때 다이아몬드 산업은 사람들에게 일자리를 제공했다. 다이아몬드는 미국의 수출품 가운데 가장 중요한 것으로 여겨지기까지 했다.

거래 방식

　다이아몬드는 몇 개의 중간 거래 기구를 통해서 소비자 손에 건네진다. 2000년대에는 아프리카 · 오스트레일리아 · 캐나다의 미가공 다이아몬드 65퍼센트가 드비어스가 지배하는 런던의 중앙판매기구(CSO)로 가서 브로커에게 팔렸다.

　다이아몬드 무역회사(DTC)에서 직접 다이아몬드 원석을 수입할 권리를 가진 회사를 사이트 홀더(Sight Holder)라고 부른다. 그들이 최초로 판매하는 다이아몬드의 80퍼센트는 안트베르펜에 있는 다이아몬드 거래소 네 곳으로 보내져 인도 · 중국 · 이스라엘 · 뉴욕 등으로 팔려간다. 세계에서 가장 많은 다이아몬드를 거래하는 곳이 뉴욕이다.

　딜러는 미가공 다이아몬드와 연마된 다이아몬드를 보석 제조업자에게 판매한다. 많은 딜러들이 중개인을 이용하는데, 중개인은 소액의 수수료 수입으로 딜러의 판매를 돕고 보석을 최고 가격으로 팔려고 한다.

　다이아몬드 판매는 다수의 중개인을 통해서 이루어진다. 그들은 새로운 가치를 창조해야 할 뿐만 아니라, 최종 소비자의 요구도 알아야만 한다(여기에서 언급한 거래 메커니즘에 관해서는 그림4-3을 참조).

　이렇게 긴 유통 과정이 있으므로 다이아몬드 가격은 더 올라가게 된다. 그것이 뉴욕 다이아몬드 가격이 비싼 이유 가운데 하나

그림4-3   드비어스의 다이아몬드 거래 기구

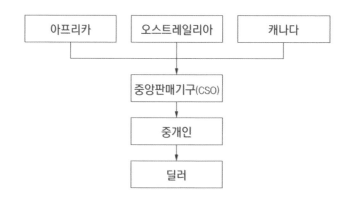

그림4-4   다이아몬드 무역회사(DTC)의 판매 방법

다. 물론 이 영향으로 일반 소매 다이아몬드 가격도 함께 상승한다. 다이아몬드와 관련된 많은 정보가 뉴욕으로 모이고, 이 정보를 토대로 가격이나 소비 정책 등 여러 결정이 이루어진다. 이는 뉴욕이라는 도시가 다이아몬드 산업에서 차지하는 위치를 여실히 보여 준다.

소매 다이아몬드 수요는 계절에 따라 크게 변한다. 미국에서는 11월과 12월에 1년 전체의 30~40퍼센트나 되는 매출을 올린다. 반면에 다이아몬드 제조, 특히 절삭과 연마는 항상 진행 중이다. 그 결과 수요와 공급이 단기적으로 일치하지 않으므로 다이아몬드 판매는 신용 판매 형식을 취하게 된다. 그렇게 수요와 공급의 변동을 견디는 것이다.

미국은 세계 경제의 중심이며, 세계 무역의 결제 중 상당수가 뉴욕에서 이루어진다. 뉴욕은 세계 최대 금융 도시이기도 하다. 뉴욕이 다이아몬드 판매의 중심이 된 것은 미국이 신용 판매 시스템이 잘 구축된 곳이고, 뉴욕이 금융 비즈니스의 중심이며, 유대인이 활약할 수 있는 시장이 있기 때문이다.

미국의 다이아몬드 수출과 뉴욕

2011년, 뉴욕의 보석 수출액은 70억 달러를 넘었다. 2005년부터 2009년에 걸쳐 이 액수는 55퍼센트 증가했고, 2011년에는 2005년의 약 두 배가 되었다. 미국 전체의 다이아몬드 수출액을 보면 25개국에서 100퍼센트 이상, 14개국에서 200퍼센트 이상 성장했다.

이와 대조적으로 미국의 고급 보석 수입액은 2007년부터 2009년에 걸쳐 많이 감소했다. 1990년에는 수출액보다 수입액이 압

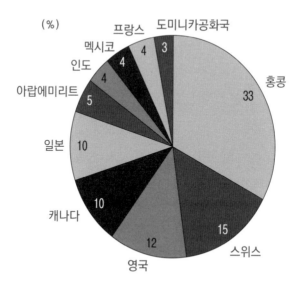

그림4-5 　　　　　　　미국의 다이아몬드 수출 대상국

(%)

도미니카공화국 3
프랑스 4
멕시코 4
인도 4
아랍에미리트 5
일본 10
캐나다 10
영국 12
스위스 15
홍콩 33

도적으로 많았지만, 그 차이가 크게 좁혀져서 2011년에는 차이가 거의 없어졌다.

　그림4-5에서 볼 수 있듯이 가장 큰 수출 대상국은 홍콩이다. 스위스·영국·캐나다·일본이 그 뒤를 잇는다. 고급 다이아몬드 시장에서 홍콩의 지위는 급속하게 높아져 2010년에는 47퍼센트나 되는 성장세를 보였다.

　미국의 다이아몬드 수출에서 뉴욕이 차지하는 압도적인 지위는 그림4-6에서 볼 수 있다. 미국의 다이아몬드 수출 중에서 5분의 3이 뉴욕에서 수출한 것이다.

그림4-6   미국 전체와 뉴욕시의 고급 다이아몬드 수출액 비교

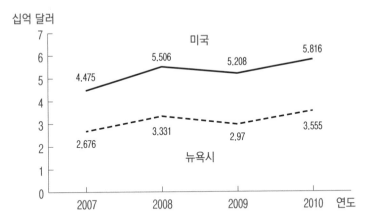

다이아몬드는 뉴욕시의 매우 중요한 수출품이며 뉴욕주 전체 수출액의 13퍼센트를 차지한다. 다이아몬드와 금, 그리고 이와 관련된 보석류를 총합한 수출액은 뉴욕주 전체 수출액의 25퍼센트를 차지한다. 2010년에는 다이아몬드 수출액이 다른 보석 수출액보다 세 배나 많은 액수를 기록했다. 이것만 놓고 봐도 뉴욕에서 다이아몬드의 중요성을 알 수 있을 것이다.

고용 측면에서도 다이아몬드는 큰 역할을 하고 있다. 2008년에는 미국 제조업의 27퍼센트를 수출 부문이 지탱했다. 다이아몬드와 고급 보석의 점유율은 매우 높았다.

뉴욕에서 다이아몬드 산업의 중요성

2009년에는 미국에서 보석과 은제품 제조 부문에 24,733개의 일자리가 있었고, 급여 총액은 9억 8,400만 달러였다. 하지만 고급 보석 제조에 직접 고용된 사람들은 오히려 감소하고 있어서 21세기의 첫 10년 동안 25퍼센트나 줄었다.

다이아몬드 비즈니스에 종사하는 기업을 보면 종업원이 10명 이하인 소규모 기업이 많다. 미국의 보석 제조기업 대다수는 뉴욕에 있다. 다이아몬드 거리에서는 4,100개의 기업이 약 19,500명을 고용하고 있다. 맨해튼에만 441개나 되는 보석 제조기업이 있다.

그리고 맨해튼 기업의 급여 총액의 89퍼센트를 보석 부문에서 지급하고 있다. 보석 제조업은 다른 제조업과 마찬가지로 해외로 이전하기도 했지만, 다이아몬드 거리의 상품은 부가가치가 크다. 이런 기업은 대부분 유대인이 경영하고 있다.

7

다이아몬드와 전쟁

분쟁 다이아몬드

다이아몬드 비즈니스는 큰 이익을 낳는다. 그것은 때로 비합법적으로 얻어질 뿐만 아니라 전쟁을 위한 자금원이 되기도 한다.

이와 관련해서 '분쟁 다이아몬드'라는 용어가 있다. 이 용어는 세계 각지, 특히 아프리카에서 발생하는 군사 분쟁에서 자금원으로 다이아몬드를 사용하는 것을 지칭한다. 이를 조금 더 명확하게 정의하자면 다음과 같다.

"분쟁 다이아몬드는 반정부 운동 집단과 그 동조 세력이 분쟁에 필요한 자금을 조달하기 위해 이용한 다이아몬드를 뜻하는 말이다.”

아프리카 개발도상국에서는 산업이 발전하지 않아서 나라에 따라서는 다이아몬드밖에 수출할 것이 없는 경우가 있다. 이런 산업 구조가 분쟁 다이아몬드라는 용어를 낳은 큰 이유가 되었다. 그들이 자금원으로 활용할 수 있는 것은 다이아몬드밖에 없는 것이다.

다이아몬드는 상당히 작으므로 밀수가 용이하다. 밀수품은 반란군의 자금원이 되고 있고, 드비어스가 분쟁 그 자체에 관여했을 가능성도 있다.

사실 미가공 다이아몬드의 수출 규모조차 정확한 수치를 알 수 없다. 예를 들어 1998년에 서아프리카의 시에라리온에서 벨기에로 8,500캐럿의 다이아몬드를 수출했다고 하는데, 벨기에 기록에는 시에라리온에서 수입한 다이아몬드가 77만 캐럿에 달한다. 이 차이는 시에라리온 측에서 정확하게 기록하지 않은 것과 벨기에도 어디에서 다이아몬드를 수입했는지 무관심한 것이 복합적으로 겹쳐 발생했다. 안트베르펜에 도착한 다이아몬드에 첨부된 서류에는 원산지가 아니라 최종 수출국이 기록되어 있다. 즉, 다이아몬드가 여러 나라를 거쳐서 최종적으로 안트베르펜에 도착한 경우에는 마지막으로 들른 항구가 있는 나라가 기록되는 것이다. 이렇게 해서는 합법적인 수출과 암시장 무역을 구별하기 어려워진다.

분쟁 다이아몬드 문제를 없애기 위해 킴벌리 프로세스가 도입되었다. 이에 따르면 다이아몬드 원석을 거래하는 나라는 원산지 증명서(킴벌리 프로세스 증명서)를 첨부할 의무가 있다. 그렇다고 해도 이것이 적절하게 기능하는 것은 아니다. 여전히 밀수 문제는 존재하고 있다.

이런 불투명함은 드비어스가 어느 정도 의도적으로 초래한 것으로 생각한다. 만일 다이아몬드 시장이 완전하게 투명해지면 카르텔이 가격을 조종하는 것 자체가 불가능해지기 때문이다. 분쟁 다이아몬드를 초래한 책임의 한쪽은 드비어스에 돌아가도 이상할 것이 없다.

분쟁 다이아몬드는 '블러드 다이아몬드(Blood Diamond)'라고도 부른다. 전쟁으로 피를 흘리는 것뿐만 아니라 밀수로 얻은 이익으로 구매한 무기를 군인이 아닌 일반 시민을 향해서도 사용하니까 적절한 비유라고 할 수 있다. 실제로도 블러드 다이아몬드와 분쟁 다이아몬드는 거의 같은 의미로 쓰인다.

킴벌리 프로세스가 확립되기 전에는 거래가 비밀리에 이루어졌고 투명성은 없었다. 이를 명확하게 하기 위해 미가공 다이아몬드 무역과 분쟁 다이아몬드 무역의 규모 비율을 추정하는 시도가 행해졌다. 그 결과 1999년의 분쟁 다이아몬드 무역은 전 세계 미가공 다이아몬드 무역의 3.7퍼센트를 차지한 것으로 추측하고 있다.

그림4-7 아프리카 국가와 주변국

아프리카는 오랫동안 서구 열강의 식민지였다. 아프리카 국가들은 제2차 세계대전이 끝나고 차례로 독립했지만, 식민지였던 기간이 길었고 공업 발전은 종주국의 방해를 받았기 때문에 남아 있는 것은 제1차 산업의 생산품을 수출하는 것뿐이었다. 그중에 다이아몬드가 있었다.

만일 다이아몬드가 없었다면, 혹은 서구 열강이 식민지 산업 육성에 힘썼다면 아프리카의 분쟁이 이 정도까지 격화되지는 않았을 것이다. 다이아몬드 분쟁은 서구 제국주의의 부정적인 유산이기도 하다.

여기서는 분쟁 다이아몬드와 관련이 깊은 앙골라·시에라리온·코트디부아르에 관해 자세하게 다루려고 한다.

앙골라 – 내전과 분쟁 다이아몬드

앙골라는 분쟁 다이아몬드가 국제적으로 주목을 받은 첫 사례다. 이야기는 앙골라가 종주국 포르투갈에서 독립한 1975년에 시작된다.

독립 후 앙골라인민해방운동(MPLA)이 앙골라 정부로 인정받았지만, 1980년대부터 1990년대에 걸쳐 앙골라완전독립민족동맹(UNITA), 앙골라민족해방전선(FNLA)과 내전을 펼쳤다. UNITA와 FNLA는 일반 시민을 무차별적으로 공격했다. 전쟁으로 인해 약 100만 명이 생명을 잃었다.

1992년에 국제연합의 감시하에 MPLA 정부의 합법성을 확인한 선거가 치러졌는데, 선거가 끝난 후에 분쟁이 재발했다.

조나스 사빔비가 이끄는 UNITA는 앙골라 국내에서 다이아몬드를 산출하는 지역을 지배하는 데 전념했다. 1991년, 냉전 체제가 끝나자 미국과 남아프리카공화국으로부터 들어오던 원조가 없어져 다이아몬드를 분쟁 자금으로 활용했다.

UNITA는 다이아몬드 판매로 얻은 이익을 무기 구매에 사용했다. 다이아몬드는 지지 세력 획득을 위해 UNITA가 사용한 전략의 중요 요소였다. UNITA는 이웃 나라인 자이르(옛 벨기에령 콩고 왕국, 지금의 콩고민주공화국)의 모부투 정부로부터 특별 지원을 받기도 했다.

1997년에는 세계적으로 다이아몬드 판매량이 감소했다. UNITA는 콩고 분지의 광산에서 철수하고 정부의 광산 시설을 공격하여 앙골라 정부가 소유한 다이아몬드 광산을 폐쇄시켰다.

UNITA는 1980년대 후반부터 앙골라의 다이아몬드 산출과 국제적인 다이아몬드 비즈니스에서 중요한 역할을 했다. 1992년부터 1994년에 걸쳐 UNITA는 앙골라 전체 다이아몬드 수출의 90퍼센트를 지배했지만, 이 영향력은 1996년부터 1997년 사이에는 32퍼센트로 감소했다.

1992~1998년에 UNITA는 다이아몬드 판매로 적어도 37억 달러 이상의 수입을 올렸다. 이 무렵, UNITA의 다이아몬드 비즈니스는 국제사회의 주목을 받았고, 드비어스는 1999년 10월 앙골라를 원산지로 하는 모든 다이아몬드 구매를 금지했다.

실제로는 많은 나라가 UNITA와 안트베르펜을 거점으로 하는 무역상 사이에서 중간업자 노릇을 하고 있다. 안트베르펜의 업자들은 다이아몬드 시장에서 분쟁 다이아몬드가 어떻게 거래되는지 정확한 상황을 이해하지 못했다. UNITA는 잠비아와 같은 제3국을 통해 국제시장과 관계를 유지했다.

앙골라는 자국 다이아몬드 광산에서 콩고인을 배제하려 했다. 2003~2004년에는 군대를 동원하여 수만 명의 콩고인 작업원을 제외했기 때문에 이웃인 콩고민주공화국으로 많은 난민이 흘러들어 가는 위기 상황이 발생했다. 앙골라 사람들과 군대는 많은 콩고인에게 죽음의 공포를 맛보게 했다.

앙골라의 다이아몬드 수송에는 선진국도 관계가 있었다. 2009년 10월 28일, 파리 재판소는 앙골라 내전(1975~2002) 동안 앙골라에 무기를 수출한 사람들에게 유죄 판결을 내렸다. 무기 무역은 내전 기간에 다이아몬드와 석유 무역의 발전과 함께 확대되었다. 1998년에 국제연합이 UNITA 다이아몬드 수출을 금지했고, 그 효과가 수년 후에 나타나면서 마침내 내전이 끝났다.

시에라리온 - 강제 노역

시에라리온의 분쟁 다이아몬드는 리어나도 디캐프리오가 주연한 영화 〈블러드 다이아몬드(2006)〉를 통해 세계적으로 알려졌다.

시에라리온 분쟁의 장본인은 혁명통일전선(RUF)이었다. 그들은 비합법적으로 다이아몬드를 판매해서 얻은 이익으로 무기를 수입했다. 그 무기는 일반인을 향했다. 아무 죄가 없는 시민을 무자비하게 살육했고 성폭력을 가했다. 건물을 파괴했고 노동을 강제화했다. 심지어 전쟁에 소년·소녀를 병사로 내보냈다. 전쟁으로 75,000명이 생명을 잃었고, 12,000명이나 되는 아이가 전쟁을 목적으로 유괴되었다.

1994년이 되자 RUF는 다이아몬드가 풍부한 지역을 침공해 대량의 천연자원을 손에 넣었고, 시에라리온 경제를 붕괴시켰다. 1996년에 대통령에 선출된 아메드 테잔 카바가 RUF와 평화협정을 맺어 평화가 찾아오는가 싶었으나 다음 해에 쿠데타가 일어나 군사 정권이 군림했다. 경제는 더욱 피폐해졌다.

RUF는 다이아몬드 채굴을 위해 총구를 겨누고 아이들을 포함한 일반인들에게 강제 노역을 시켰다. 사람들은 말하는 것도 금지당한 채 12시간씩 교대로 일을 해야만 했다. 사실 RUF가 강력해지기 전부터 시에라리온의 다이아몬드 광산에서는 아이들을 포함한 수천 명의 사람들이 정부의 강력한 감시하에 강제 노역에 시달려야 했다. 피와 땀으로 모인 다이아몬드는 RUF의 전쟁 자금으로 쓰였다.

1998년부터 1999년에 걸쳐 무기를 실은 화물이 우크라이나와 동유럽에서 서아프리카의 부르키나파소와 니제르로 수송된 기록이 남아 있다. RUF에 보내진 것이다. 물론 그 비용은 다이아몬드 무역에서 얻은 이익으로 지급했을 것이다.

시에라리온의 다이아몬드는 다른 나라, 특히 라이베리아를 거쳐서 국제적인 다이아몬드 시장으로 보내졌다. 라이베리아의 연간 다이아몬드 산출 능력은 10만~15만 캐럿으로 추정한다. 그런데 라이베리아에서 안트베르펜으로 수출된 미가공 다이아몬드는 1994~1998년에 평균 약 600만 캐럿이었다. 즉, 당시 라이베리아를 거쳐 안트베르펜에 수송된 다이아몬드는 대부분 시에라리온에서 나온 것으로 판단할 수 있다.

2000년 국제연합이 시에라리온의 다이아몬드 수출을 금지하자 라이베리아의 다이아몬드 산출량이 1999년보다 161퍼센트나 급증했다. 라이베리아 다이아몬드로 위장해서 시에라리온이 다이아몬드를 수출한 것이다. 결국 국제연합은 라이베리아의 다이아몬드 수출도 금지했다. 그 주요 목적은 시에라리온의 다이아몬드 수출을 뿌리 뽑는 것이었다.

시에라리온 내전은 2002년에 끝났다. 하지만 다이아몬드 광산에서는 아직도 아이들이 강제 노역에 시달리고 있다.

코트디부아르 – 반정부 연합이 장악한 다이아몬드

프랑스령이었던 코트디부아르는 1960년에 독립을 이루었다. 그 후 1960~1970년대에 걸쳐 고도성장을 실현했지만, 1980년대가 되자 경제 성장이 막다른 길에 접어들었고, 1990년대에는 정부 채무액이 지디피(GDP)와 같은 수준까지 늘어났다. 아직 경제가 성숙하지 않았던 코트디부아르에서 이것은 경제 위기를 의미했다.

경제 위기에 더해 배타주의가 퍼졌고, 코트디부아르의 정치는 매우 불안정해졌으며, 2002년에 내전이 발발했다. 국제연합안전보장이사회의 조사에 따르면 반정부 연합인 코트디부아르 신세력은 비합법적인 다이아몬드 무역으로 자금을 얻고 있었다. 이 점에서 코트디부아르는 시에라리온과 비슷하다.

국제연합안전보장이사회의 전문가 그룹은 다이아몬드 판매를 통해 얻은 상당한 자금이 북부를 근거지로 하는 코트디부아르 신세력, 즉 반정부 연합으로 유입되었다고 지적했다. 하지만 신세력 측은 이를 부정하였다.

전문가 그룹은 코트디부아르 북부의 몇몇 지역에서 미가공 다이아몬드 산출과 수출이 이루어지는 증거를 찾아냈다. 현지를 방문해 조사한 결과, 매년 30만 캐럿의 다이아몬드를 산출하는 것으로 추정했다. 코트디부아르 신세력은 다이아몬드를 직접 채굴하지 않으면서도 세금을 부과하여 수입을 얻고 있었다. 즉, 원래대로라면 정부가 걷어야 할 세금이 반정부 연합 손에 들어간 것이다.

분쟁 다이아몬드는 기니·말리 등 이웃 국가를 통해 몰래 수출했다. 그런 다이아몬드는 안트베르펜·두바이·텔아비브와 같은 국제시장으로 보내졌다. 2010년에도 코트디부아르 북부에서 나온 다이아몬드가 부르키나파소 · 기니 · 라이베리아 · 말리를 통해 몰래 수출되었다.

8

중국은 세계 2위의
다이아몬드 소비국

중국은 미국의 뒤를 이어 세계 제2위의 지디피(GDP)를 자랑하는 나라다. 1990년대부터 본격적으로 경제가 성장했고, 서서히 다이아몬드에 관심을 가지기 시작했다. 1993년, 드비어스는 광저우에 영업소를 설치했고, 이후 중국의 다이아몬드 시장은 크게 발전했다.

중국의 다이아몬드 수입액은 2009년에 6억 9,900만 달러였고 전년보다 30.7퍼센트나 증가했다. 다이아몬드 구매자의 90퍼센트가 부유층인데, 그들 다수는 여러 개의 다이아몬드를 사들였다.

2010년 10월에는 중국 본토에서 다이아몬드 수출입을 다루는 기관인 상하이 다이아몬드 거래소가 개설됐다. 이 거래소는 다이

그림4-8 각국의 다이아몬드(보석) 판매량(2003~2013)

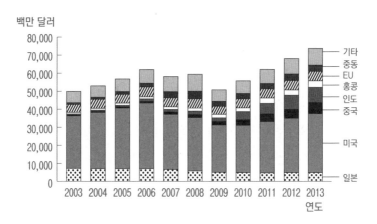

백만 달러

아몬드 거래연맹(WFDB)에 가입했다.

중국의 다이아몬드 산업은 다른 나라들과 마찬가지로 중소기업이 대부분이고, 이들이 외화 획득에서 중요한 역할을 하고 있다. 2013년 중국의 다이아몬드 순 수출액은 89억 달러에 달했다.

그림4-8을 보면 전 세계의 다이아몬드 판매액은 미국이 여전히 많지만, 중국과 인도의 비율이 상승하고 있는 것도 알 수 있다. 홍콩의 수치를 중국에 넣으면 그 비율은 더 높아진다. 2013년에는 미국이 44퍼센트, 인도가 12퍼센트, 중국과 홍콩을 합친 비율이 13퍼센트였다.

2009년에 홍콩을 포함하면 중국은 미국의 뒤를 잇는 세계 제2위의 다이아몬드 소비국이 된다. 이때는 리먼 쇼크가 한창이던 시기였는데도 상하이 다이아몬드 거래소만은 수출입과 거래액이 안정적으로 성장했다. 경제성장률을 생각한다면 중국은 인도와 함께 유망한 다이아몬드 시장이다.

게다가 중국은 인공합성 다이아몬드도 생산한다. 2000년 이후 공업용 인공합성 다이아몬드를 대량으로 제조했고, 전 세계 인공합성 다이아몬드 대부분을 차지하게 되었다. 2015년 제조량은 150억 캐럿이었다. 이 과정에서 얻은 노하우를 바탕으로 장식용 다이아몬드도 제조하기 시작했다. 그 내용은 천연 다이아몬드만 장식용으로 사용하던 드비어스의 정책을 바꿀 정도로 충격적이었다.

9

인도와 다이아몬드

종교와 가족 네트워크

인도는 2019년 현재 세계 최대 다이아몬드 수출국이다.

인도는 이미 소개한 대로 1725년에 브라질에서 다이아몬드 가 발견될 때까지는 세계에서 거의 유일하게 다이아몬드를 산출하던 나라였다. 이후 침체를 겪기도 했으나 인도의 다이아몬드 산업은 부활하고 있다. 1966~1968년에 2,800만 달러였던 인도의 다이아몬드 수출액은 1985~1986년에는 11억 9,400만 달러, 1999~2000년에는 67억 1,500만 달러가 되었다.

1998~1999년에는 세계 다이아몬드 수출국 중 10위권에도 들지 못했던 것을 감안하면 인도의 다이아몬드 수출국 지위는 최근 20년 사이에 상당히 상승한 것이 된다.

표4-1
각국의 다이아몬드 수출액(2019년)

1	인도	219억 달러
2	미국	177억 달러
3	홍콩	140억 달러
4	벨기에	118억 달러
5	이스라엘	113억 달러
6	UAE	82억 달러
7	러시아	38억 달러
8	보츠와나	30억 달러
9	스위스	20억 달러
10	영국	19억 달러

인도는 세계에서 주요한 다이아몬드 가공 시장 중 하나로, 절삭과 연마의 중심지이다.

인도는 주로 종교와 가족 네트워크를 이용해서 다이아몬드 비즈니스를 발전시켰다. 가장 중요한 네트워크는 북서부 구자라트에 거주하는 자이나교 신자 가족이다. 그들은 절삭을 위해 다이아몬드를 뭄바이에서 구자라트로 수송하고 있다.

미가공 다이아몬드는 안트베르펜에서 인도로 수출된 다음, 인도에서 절삭과 연마 가공을 한다. 그런 다이아몬드는 다시 안트베르펜에서 거래되어 전 세계로 보내진다.

자이나교 신자를 중심으로 하는 인도인 가운데는 안트베르펜으로 이주한 사람들도 있다. 그들이 안트베르펜의 다이아몬드 산업에서 맡은 역할은 무시할 수 없는 수준에 이르렀다.

그들은 자이나교 신자들의 연줄을 통해 뉴욕으로도 이주해 다이아몬드 비즈니스에 종사하고 있다. 자이나교 신자는 인도 국내, 특히 뭄바이에서 크게 활약하고 있을 뿐만 아니라, 안트베르펜·뉴욕과 같은 다이아몬드 비즈니스의 거점을 연결하고 있다.

여기에는 종교와 거기에 근거한 가족 네트워크가 큰 역할을 한다.

유대인과 인도인 자이나교 신자는 소수 종교를 기반으로 하는 가족 제도를 이용해서 발전을 이루었다. 현대에 와서도 다이아몬드 비즈니스는 여전히 전통적인 가족기업의 형태를 띠기도 한다.

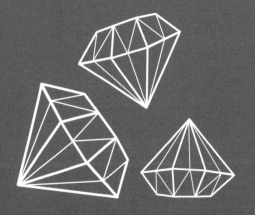

종장

다이아몬드 거래의 변모

가격 카르텔의 붕괴

　제2차 세계대전이 끝나고 21세기인 지금에 이르기까지 다이아
몬드 비즈니스는 여러 가지 문제에 직면했다. 드비어스는 1990년
무렵까지는 어떻게든 가격 카르텔을 유지할 수 있었지만, 이후로
는 쉽지 않았다.

　앞에서 제시한 그림4-2(153쪽)에서 볼 수 있듯이 21세기에는 러
시아가 가장 큰 다이아몬드 산출국이 되었다. 러시아가 사회주의
국가(소련)이던 기간 드비어스는 시베리아에서 다이아몬드를 수
입했다. 그러다가 1991년 소련이 붕괴하고 러시아가 탄생하자 러

시아 회사인 알로사(Alrosa)가 시베리아 다이아몬드 광산에서 산출된 원석을 사용해서 다이아몬드를 생산하기 시작했다. 이로 인해 드비어스의 가격 관리 능력은 급격히 떨어졌다. 게다가 인공합성 다이아몬드 생산량이 매우 증가했다.

1987년 드비어스가 전 세계 미가공 다이아몬드 생산 총량에서 차지하는 점유율은 80퍼센트 정도였다. 하지만 2019년에는 점유율이 35퍼센트까지 떨어졌다.

거인의 쇠퇴 과정

1991년 소련이 붕괴하고 탄생한 러시아는 다이아몬드를 드비어스 외의 업자에게도 판매하기 시작했고, 2009년이 되자 알로사는 드비어스와 관계를 끊었다.

드비어스가 1990년대부터 공급처로 유지하던 러시아를 잃게 되자, 오스트레일리아의 아가일 광산에서 산출된 원석을 사용하는 리오 틴토가 다이아몬드의 강력한 판매망을 가지게 되었다. 아가일은 상당히 거대한 광산이며 매년 4천만 캐럿 이상을 산출했다(아가일 광산은 경제적 가치가 다하여 2020년 폐광 — 옮긴이). 드비어스는 서서히 전 세계 다이아몬드 광산에 대한 지배력을 잃었는데, 자신들이 지배하지 못하는 유통 시장에서 다이아몬드를 구매하는 상황에 빠지고 말았다.

1994년에는 미국 정부가 반독점법 위반 의혹으로 드비어스를 고소했다. 이 소송은 10년간 진행되었고 드비어스의 패소로 끝났다. 이유(EU)와도 비슷한 소송을 진행해야 했다.

20세기 말이 되자 최전성기 시절 90퍼센트를 차지했던 드비어스의 시장 점유율은 60퍼센트까지 떨어졌다. 드비어스는 변화가 필요했고, 전략을 바꿔 독자적으로 드비어스 브랜드 상품을 판매하기 시작했다.

이후, 드비어스는 반독점법 소송 외에도 여러 법적 위기를 맞았다. "비합법적으로 다이아몬드 공급을 독점해서 다이아몬드 가격을 관리했으며 오해를 일으키는 광고를 냈다."라는 이유로 고소를 당했고, 2012년에는 "연방과 각 주의 반독점법을 위반하는 행동을 취하지 않는다."라는 미국연방최고법원의 합의 결정을 받아들여야 했다. 이때 미국연방최고법원은 합의금으로 3억 달러를 지급하라는 결정을 내렸다.

드비어스의 다이아몬드 점유율은 크게 낮아졌다. 물론 드비어스가 다이아몬드 업계의 거인이라는 사실에는 변함이 없지만, 예전과 같은 압도적인 힘은 잃어버렸다. 커팅 다이아몬드 산출액만 보면 알로사가 더 많다. 러시아의 풍부한 다이아몬드 매장량을 배경으로 알로사의 다이아몬드 산출량은 크게 늘었다. 2000년대 초에 러시아는 드비어스의 영향에서 벗어나기 위해 다이아몬드 연마 공장을 무려 90개나 건설했다.

알로사는 소련이 붕괴한 직후인 1992년에 설립됐는데 이때 러시아연방과 사하공화국이 알로사의 주식을 소유하고 있었다. 이후 2012년에 민영기업으로 전환했고 2009년에는 미가공 다이아몬드 매출에서 드비어스를 넘어섰다. 같은 해 알로사의 시장 점유율은 27퍼센트, 드비어스는 20퍼센트였다.

매출 외적인 측면만 놓고 본다면 드비어스의 장점도 있다. 드비어스와 알로사의 차이로는 드비어스가 장기 계약을 많이 맺는다는 점을 들 수 있는데, 이런 점만 놓고 보면 드비어스의 경영이 더 안정되어 있다고 할 수 있다.

드비어스는 앞에서 소개한 것처럼, 현재는 앵글로 아메리칸 회사의 자회사이며, 매출은 61억 달러 정도다. 기업 규모로는 드비어스가 알로사보다 크지만, 예전만큼의 영향력은 분명히 사라졌으며, 지금은 새로운 길을 모색하는 상황이라 할 수 있다.

인공합성 다이아몬드와 드비어스

드비어스의 새로운 경영 전략 중 하나는 인공합성 다이아몬드를 보석 시장에 내보내는 것이다.

지금의 다이아몬드 시장은 점점 축소되고 있어서 미국에서도

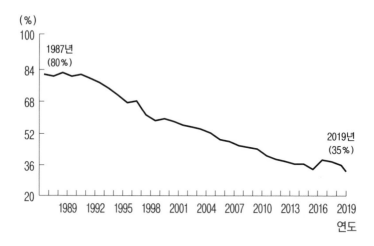

그림1　　　드비어스의 전 세계 미가공 다이아몬드 점유율

많은 보석상이 폐업했다. 그런데 인공합성 다이아몬드는 천연 다이아몬드보다 싸고 점점 더 저렴해지고 있다. 또한 채굴 과정에서 일어나는 환경 파괴도 없다. 그러므로 장래의 어느 시점에는 인공합성 다이아몬드가 천연 다이아몬드를 대체할 가능성이 높다. 다만 현재는 장식용 보석 다이아몬드 시장에서 인공합성 다이아몬드가 차지하는 비율은 매우 작다.

　2018년, 라스베이거스에서 열린 제이시케이(JCK)쇼에서 드비어스는 인공합성 다이아몬드 브랜드인 'LIGHT BOX JEWELRY'를 발표했다. 이것은 인공합성 다이아몬드를 천연 다이아몬드처럼 보석으로 사용할 수 있다는 것을 인정했다는 뜻이다. 물론 정확하게 말하자면, 드비어스는 "Lab-grown diamond"라는 표현을 사용했으며 '인공합성 다이아몬드'라고 하지는 않았다. 하지만 그동안 드비어스가 일관되게 취해 왔던 관점에서 보면 놀라운 변화임에는 틀림없다.

천연 다이아몬드와 인공합성 다이아몬드의 차이를 따지지 않는 고객이 증가하면 기업은 그런 상황에 대응해야만 한다. 드비어스는 아마도 그렇게 생각했을 것이다. 가격은 천연 다이아몬드보다 20~30퍼센트 저렴하므로 좀 더 많은 사람이 구매할 수 있을 것이다.

그림1은 전 세계 미가공 다이아몬드 시장에서 드비어스의 시장 점유율 추이를 보여준다.

이 책에서 자세하게 다루지는 않았지만, 인공합성 다이아몬드는 기본적으로 공업용 다이아몬드로 사용된다. 하지만 인공합성 다이아몬드의 품질이 향상되면서 일반 소비자들은 이를 보석으로 구매하게 되었다. 인공합성 다이아몬드를 생산하는 비용이 하락했고, 보석을 바라보는 관점이 바뀌었기 때문에 가능했던 일이다. 드비어스의 움직임은 이런 변화에 대응한 것으로 생각한다.

실제로 중국이 인공합성 다이아몬드를 제조해서 전 세계 시장에 판매하려 하고 있다. 앞서 언급한 대로 중국은 공업용 다이아몬드 용도로 인공합성 다이아몬드를 제조했지만, 이제는 장식용 보석 개념의 다이아몬드를 생산하기 시작했다. 다이아몬드 시장에 거칠게 진입하려는 중국의 욕망은 드비어스에 위협이 될 수 있다.

이제 드비어스의 전략은 가격 카르텔을 형성해서 다이아몬드 가격을 직접 결정하는 시스템으로부터, 가격 메커니즘에 근거하여 시장 경쟁에서 승리하는 것을 중시하는 방향으로 변화할 수밖에 없다.

살아남기 위해 드비어스는 자신을 스스로 변화시켰다. 그 변화는 매우 큰 것이다. 드비어스는 항상 사람들의 욕망에 충실했다. 그것만이 자신의 욕망을 채우는 유일한 방법이기 때문이다.

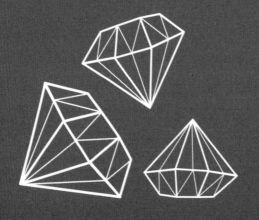

마치며

다이아몬드라고 하는 상품에 처음 관심을 가진 것은 프란체스카 트리벨라토가 쓴 책을 읽고 나서다(Francesca Trivellato, The Familiarity of Strangers: The Sephardic Diaspora, Livorno, and Cross-Cultural Trade in the Early Modern Period, Yale University Press, 2009, ≪이문화간 교역과 디아스포라(異文化間交易とディアスポラ)≫).

이 책은 18세기에 이탈리아 리보르노를 근거지로 활동한 세파르딤이 지중해 산호를 인도 고아의 힌두교도들에게 판매하고 다이아몬드를 수입했다는 것을 13,000통이 넘는 비즈니스 서한을 읽고 규명한 연구였다. 이를 통해 유럽에서 인도에 이르는 다이아몬드 비즈니스의 실태를 처음으로 이해할 수 있었다. 다이아몬드 비즈니스의 역사를 책으로 쓰고 싶다고 생각한 것도 이 책을 통해 자극을 받았기 때문이다.

다이아몬드가 산출되는 지역은 18세기 중반이 될 때까지 인도가 대부분이었다. 따라서 고대에서 근세에 이르는 다이아몬드 역사는 인도와 관계가 깊다.

대항해 시대가 되자 해상 루트를 통한 유럽과 인도의 무역량이 증가했고, 다이아몬드는 그 가운데서도 독특한 지위를 차지했다. 이 무역에 종사하는 사람들의 중심에 유대인이 있었고, 그 후로도 유대인은 계속해서 다이아몬드 비즈니스의 중심에서 큰 역할을 했다.

필자가 쓴 책의 특징 가운데 하나는 유대인 중에서도 세파르딤이 아닌 아시케나지를 비교적 많이 다룬 점이다.

아시케나지 중에는 음악가가 많은 것으로 알려져 있다. 그렇지만 일본에서는 거의 연구되지 않았다. 이런 경향은 서구에서도 마찬가지이다. 세파르딤을 연구한 사례는 상당히 많이 존재하지만, 아시케나지에 관한 연구는 매우 적다.

이 책을 읽으면 가난한 동유럽계 유대인이라고 생각했던 아시케나지가 다이아몬드 비즈니스에서 큰 역할을 한 것을 알 수 있을 것이다. 독자들이 그런 점을 이해할 수 있다면 좋겠다. 또, 자이나교 신자들의 역할도 주목할 만하다. 종교 소수자 입장에서 기인하는 강한 가족의식이 다이아몬드 비즈니스를 지탱하고 있다는 점도 이해할 수 있기를 바란다.

제국주의 시대의 다이아몬드 비즈니스는 국가의 이해관계와 깊은 연관이 있었다. 제1차 세계대전 후에는 드비어스가 다이아몬드 가격을 성공적으로 관리했다. 어떤 식으로 보더라도 깨끗한 비즈니스를 한다고는 할 수 없는 드비어스가 어떻게 살아남았는지는 비즈니스 역사에서 주목할 만한 주제일 뿐만 아니라, 현대사를 이해하기 위해서도 중요한 관점이다. 이 책 후반부는 그런 내용을 설명하기 위해 썼다고 해도 과언이 아니다.

드비어스는 전 세계 다이아몬드 사업에 관여했고, 카르텔을 형성해서 가격을 관리했다. 드비어스는 자본주의의 총아라고 할 수 있는 회사이며 욕망의 덩어리이지만, 한편으로는 시장 메커니즘을 저지하는 수법을 사용하는 반자본주의적인 존재이기도 하다. 이것이야말로 거대 비즈니스의 현실적인 모습이다. 현대 세계의 변천을 교묘하게 이용한 드비어스는 오늘도 존재하고 있다.

영향력이 줄었다고는 해도 드비어스는 온갖 수단을 통해 살아남았으며, 사업가라면 그들의 능숙한 생존 기술에 감탄할 것으로 생각한다.

드비어스는 욕망으로 가득한 회사다. 자신들의 욕망을 채우려면 사람들의 욕망에 충실해야만 한다. 그렇게 하는 것이 기업이 살아남는 최고의 방법이다. 특히 사치품이라는 특성, 다시 말해 사람들의 일상생활에 필수적인 제품이 아닌 다이아몬드를 취급하는 드비어스에는 그것이 가장 큰 장수 비결일 것이다.

이 책은 필자가 처음으로 한 가지 상품에 초점을 맞춘 역사서이다. 이 작업이 가능했던 것은 항상 그랬듯이 편집자 호리구치 유스케 씨의 수완 덕분이다. 이 자리를 빌려 깊이 감사드린다.

다이아몬드 역사에 관한 책을 쓰도록 강하게 권유해 준 데이비드 고든 커비와 다이아몬드 역사의 재미를 가르쳐 준 프란체스카 트리벨라토에게 이 책을 바친다.

2020년 7월 오사카에서
다마키 도시아키

자료 및 이미지 출처

17쪽 표1 https://geology.com/articles/gem-diamond-map/

20쪽 표2 The Israel Economy at a Glance, 2016.

27쪽 인용문 조지 프레드릭 쿤츠 지음, 가가미 류지 감수 및 번역, 《그림으로 해설하는 보석과 광물의 문화지(일문 원서: 圖說 寶石と鑛物の文化誌, 영문 원서: The Curious Lore of Precious Stones)》 하라쇼보, 2011년, 81쪽

30쪽 인용문 《구약성서 출애굽기》(재)대한성서공회, 개역한글 제28장

31쪽 표1-2 스나가와 이치로 《보석은 말한다(寶石は語る)》이와나미신서, 1983년, 29쪽

39쪽 인용문 ≪플리니우스의 박물지(축쇄판 IV) 제34권~37권(プリニウスの博物誌<縮刷版IV〉第34卷~37卷)≫(나카노 사다오, 나카노 미사토, 나카노 미요 번역) 유잔가쿠 출간, 2012년, 1509~1510쪽

43쪽 그림1-1 Godehard Lenzen, History of Diamond Production and the Diamond Trade, London, 1970, 20페이지를 바탕으로 작성

45쪽 그림1-2 Godehard Lenzen, History of Diamond Production and the Diamond Trade, London, 1970, 42페이지를 바탕으로 작성

57쪽 그림2-1 LessixvoyagesenTurquie,enPerse,etauxIndes/Jean-BaptisteTavernier. – Paris : Pierre Ribou, 1713(Poitiers, Bibliothèques universitaires, Fonds ancien, 81168-04)https://blogs.univ-poitiers.fr/budl/2016/12/01/une-vie-de-voyages-en-orient-jean-baptiste-tavernier-voyageur-et-negociant-du-xvii e -siecle/

59쪽 사진 Smithsonian museums nmnhmineralsciences

62쪽 사진 AlinavdMeulen 〈Replica of the Koh-I-Noor Diamond in the Crown Jewels. It's a centerpiece at Royal Coster Diamonds〉 2013,Wikimedia

70쪽 그림2-2 https://w.atwiki.jp/monosepia/pages/7133.html을 바탕으로 작성

79쪽 그림2-3 Francesca Trivellato, The Familiarity of Strangers: The Sephardic Diaspora, Livorno, and Cross-Cultural Trade in the Early Modern Period, Yale University Press, 2009, p.44. ≪이문화간 교역과 디아스포라(異文化間交易とディアスポラ)≫

86쪽 표2-1 Godehard Lenzen, History of Diamond Production and the Diamond Trade, London, 1970, p.121.

101쪽	그림3-1	https://sekainorekisi.com/download/アフリカの植民地化地図를 바탕으로 작성
105쪽	사진	A. J. A. (Bram) Janse, ≪Global rough Diamond Production since 1870≫, 2007, p.105.
113쪽	인용문	스즈키 마사시가 쓴 ≪세실 로즈(セシル·ローズ)≫(세분도신코샤, 1960년) 45쪽
134쪽	사진	"Exceptional Space: Concentration Camps and Labor Compounds in Late Nineteenth-Century South Africa", Posted by Mike Harman Feb 20 2018 16:07 https://libcom.org/library/exceptional-space-concentration-camps-labor-compounds-late-nineteenth-century-south-afri
153쪽	그림4-1	A. J. A. (Bram) Janse, ≪Global rough Diamond Production since 1870≫, 2007, p.100.
	그림4-2	https://geology.com/articles/gem-diamond-map/
168쪽	사진	https://commons.wikimedia.org/wiki/File:The_Mir_mine_in_Yakutia.JPG
194쪽	그림4-5	Anastasia Xenias, ≪All that Glitters: New York and the Diamond and Fine Jewelry Trade≫, WCIB Occasional Paper Series, Vol. 2, No. 2, p.4.
195쪽	그림4-6	Anastasia Xenias, ≪All that Glitters: New York and the Diamond and Fine Jewelry Trade≫, WCIB Occasional Paper Series, Vol. 2, No. 2, p.5.
209쪽	그림4-8	https://www.diamondshades.com/databank/consumption-charts/를 바탕으로 작성
212쪽	표4-1	http://www.worldstopexports.com/diamond-exports-country/
220쪽	그림1	Paul Zimnisky, ≪A Brief History of De Beers≫, March 20, 2019.를 참고하여 작성

주요 참고 문헌

Godehard Lenzen, The History of Diamond Production and the Diamond Trade, Barrie&Jenkins Ltd., 1970.

Gedalia Yogev, Diamonds and Coral: Anglo-Dutch Jews and Eighteenth Century Trade, Leicester University Press, 1978.

Edward Jay Epstein, The Rise and Fall of Diamonds, Simon&Schuster, 1982.

한 권으로 읽는 욕망의 역사

다이아몬드의 세계

초판 1쇄 인쇄 2021년 7월 24일
초판 1쇄 발행 2021년 8월 10일

지은이 다마키 도시아키
옮긴이 전종훈
펴낸이 박경준

경영총괄 김보영
편 집 고흥준
마케팅 김선영

펴낸곳 미래타임즈
주소 경기도 고양시 일산동구 장진천길 22-71
전화 031-975-4353 팩스 031-975-4354
메일 thanks@miraetimes.com
출판등록 2001년 7월 2일 (제2001-000321호)

ISBN 978-89-6578-179-0 (03900)